이 책은 지구를 시원하게 해 줘요

THIS BOOK WILL(HELP) COOL THE CLIMATE
Copyright © 2020 by Isabel Thomas, Alex Paterson
All rights reserved.

Korean Translation Copyright © 2020 by MUST B Publishing Group
Korean edition is published by arrangement with Hodder and Stoughton Limited
through Imprima Korea Agency

이 책의 한국어판 저작권은 Imprima Korea Agency를 통해
Hodder and Stoughton Limited와의 독점 계약으로 머스트비에 있습니다.
저작권법에 의해 한국 내에서 보호를 받는 저작물이므로
무단 전재와 무단 복제를 금합니다.

이 책은 지구를 시원하게 해 줘요
오염을 줄이고 목소리를 높여 지구를 지키는 50가지 방법

초판 1쇄 발행 2020년 9월 25일   초판 2쇄 발행 2021년 6월 20일

글 이사벨 토마스 | 그림 알렉스 패터슨 | 옮김 성원 | 펴냄 박진영 | 디자인 새와나무
펴낸곳 머스트비 | 등록 2012년 9월 6일 제406-2012-000154호 | 주소 경기도 파주시 심학산로 12, 303호
전화 031-902-0091 | 팩스 031-902-0920 | 전자 우편 mustb0091@naver.com

ISBN 979-11-6034-122-5 73370

이 도서의 국립중앙도서관 출판시도서목록(CIP)은 서지정보유통지원시스템 홈페이지(http://seoji.nl.go.kr)와
국가자료공동목록시스템(http://www.nl.go.kr/kolisnet)에서 이용하실 수 있습니다.(CIP제어번호: CIP2020036659)

품명: 이 책은 지구를 시원하게 해 줘요 | 제조자명: 머스트비 | 주소: 경기도 파주시 심학산로 12, 303호
연락처: 031-902-0091 | 제조년월: 2020년 9월 | 제조국: 대한민국 | 사용연령: 10세 이상
취급상 주의사항 | 종이에 베이지 않도록 주의하세요. 책의 모서리가 날카로우니 던지거나 떨어뜨려 다치지 않도록 주의하세요.
KC마크는 이 제품이 공통안전기준에 적합하였음을 의미합니다.

이 책은 지구를 시원하게 해 줘요

글 이사벨 토마스 · 그림 알렉스 패터슨
옮김 성원

차례

1. 지구에 관해 공부하기 ················· 10

2. 우리의 적 파악하기 ·················· 15

3. 인정하지 않는 사람과 맞서기 ············ 19

4. 가까운 곳에서 나는 음식 먹기 ············ 22

5. 쓰레기를 음식으로 바꾸기 ·············· 25

6. 고장 난 물건 고쳐 쓰기 ················ 27

7. 생태도서관 만들기 ··················· 32

8. 인공 정원을 다시 야생으로 ············· 36

9. 복제 그레타 되기 ···················· 40

10. 온수 사용 줄이기 ··················· 44

11. 스프레이는 안 돼! ················· 49

12. 휴가는 집에서 보내자 ················· 52

13. 내 발 크기 재기 ················· 55

14. 쓰레기통에 밥 주지 말기 ················· 59

15. 지구를 위해 꾸물거리기 ················· 62

16. 공짜 나무를 기르자! ················· 65

17. 재활용은 이제 그만 ················· 68

18. 전문 용어 완벽하게 익히기 ················· 71

19. 옷을 오래오래 입기 ················· 76

20. 식단 바꾸기 ················· 80

21. 티라노사우루스에게서 배우기 ·················· 86

22. 퇴비 더미에 쉬하기 ························· 89

23. 플러그 뽑기 ······························· 92

24. 패션 규칙 무시하기 ······················· 95

25. 학교에 숙제 내기 ························· 99

26. 투시 안경 쓰고 보기 ····················· 104

27. 곤란한 질문 던지기 ······················ 108

28. 비상사태인 듯 행동하기 ·················· 112

29. 배터리가 죽지 않게 하기 ················· 115

30. 전문가 초대하기 ························· 119

31. 자동차 멀리하기 ·································· 122

32. 내 표를 던지자 ···································· 125

33. 느릿느릿 살기 ···································· 129

34. 과학이 가진 놀라운 능력 공부하기 ················ 132

35. 물건 대신 풍경, 소리, 감각을 선물하기 ············ 135

36. 박물관 열기 ······································· 138

37. 잡동사니 치우기 ·································· 141

38. 가정에서 전기 사용량 줄이기 ····················· 144

39. 차는 세워두고 씩씩하게 걸어가기 ················ 148

40. 내 반려동물이 찍는 탄소 발자국 줄이기 ·········· 152

41. 귀찮은 사람 되기 ·········· 155

42. 변화를 위한 편지 쓰기 ·········· 157

43. 집을 뱀으로 채워 보자 ·········· 161

44. 기후를 위해 행진하기 ·········· 165

45. 물건 바꾸기 ·········· 169

46. 솔선수범하기 ·········· 172

47. 내 영웅 찾기 ·········· 174

48. 완벽해지려고 애쓰지 않기 ·········· 178

49. 이야기 함께 나누기 ·········· 180

50. 환경친화적인 습관 만들기 ·········· 184

찾아보기 ·········· 188

지구 계량기에 대한 간단한 설명서

지키거나 줄어드는 것:

야생 동물   종이/나무   전기   쓰레기

열대 우림   오염   화석 연료

물   음식

영향: 비용: 어려움:

지구에 관해 공부하기

지식은 기후 변화에 맞서 싸울 때 여러분에게 가장 중요한 무기예요. 먼저 지구의 기후가 어떤 면에서 특별한지 차근차근 살펴봅시다.

여러분이 태양계 중 **어디에서든** 살 수 있다면, 아마도 지금처럼 지구를 택할 거예요. 지구에는 영상 58도에 이를 정도로 덥거나 영하 88도일 정도로 추운 곳도 있지만, 지구 평균 표면 온도는 영상 15도여서 생명체가 살기에 딱 좋아요. 평균 표면 온도가 영하 63도인 화성과 비교해 보면 왜 우리가 지구에서 계속 살아야 하는지 이해하기 쉬울 거예요.

지구의 기온은 생명체에게 '딱 좋아요'. 그건 태양계에서 지구가 제일 좋은 위치에 있기 때문만은 아니에요. 지구와 달은 태양에서 거의 같은 거리에 있지만, 달의 표면 온도는 낮부터 밤까지 영하 173도에서 영상 127도 사이를 오가니까요. 지구가 살기 좋은 행성인 이유는 대기, 즉 지구를 감싸고 있는 얇은 공기층 덕분이에요. 지구의 대기 속에는 여러 가지 기체가 섞여 있답니다.

질소
산소
아르곤
수증기
이산화탄소
네온
헬륨
메탄
크립톤
수소
산화질소
크세논
오존

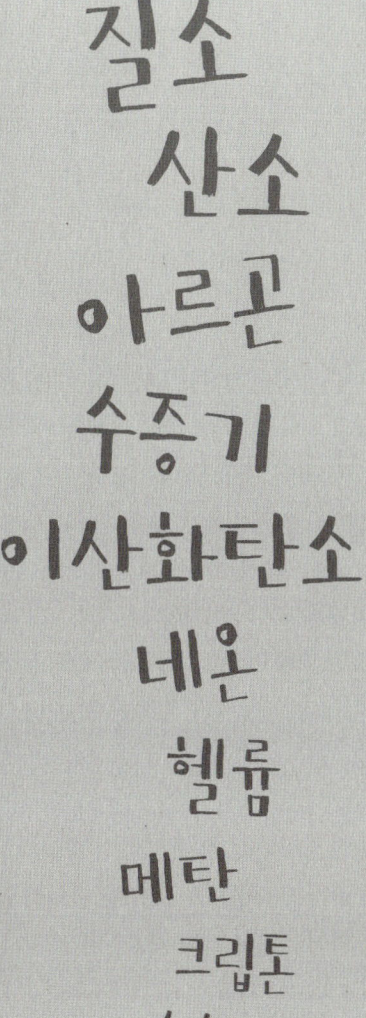

이 가운데 특히 수증기, 이산화탄소, 메탄, 아산화질소 같은 일부 기체를 온실가스라고 해요. 태양 에너지 일부를 열의 형태로 가두어 두고 있거든요. 온실에 들어가 보면 내부와 외부의 온도 차이가 **크다**는 걸 알게 될 거예요. 온실의 유리 벽과 지붕은 햇빛을 안으로 매우 잘 빨아들여, 내부의 모든 걸 따뜻하게 만들어요. 하지만 유리는 안으로 들어온 열을 밖으로 내보내지는 못해요. 온실 내부 공기가 너무 따뜻해져서 바깥과는 다른 기후, 그러니까 온갖 종류의 식물이 마음껏 자랄 수 있는 기후가 만들어지는 거예요. 온실가스 역시 이와 방식은 비슷하지만 규모가 훨씬 커서, 지구 전체를 온실가스가 없었을 때보다 따뜻하게 만들어요.

천연 온실 효과는 인간에게 이로워요. 지구에 도달한 에너지가 우주로 다시 도망가지 않게 막아 주기 때문에(달에서 그러는 것처럼 말이에요), 지구에서는 생명체가 살아갈 수 있어요. 지구 대기 중에 온실가스가 없었더라면 지구의 평균 기온은 영하 18도에서 영하 23도 정도였을 거예요!

하지만 몇십 년 전에 과학자들은 뭔가 걱정스러운 일이 벌어지고 있다는 걸 알아차렸어요. 지구의 온실 효과가 점점 심해져서 정상일 때보다 태양 에너지를 더 많이 가두고 있는 거예요. 전 세계적으로 지난 30년 동안 매 10년은 지난 170년 가운데 다른 **어떤** 10년보다 더 더웠어요. 예를 들면, 영국 중부 지방은 2008년부터 2017년까지 평균 기온이 1850년부터 1900년까지 평균 기온보다 1도 정도 더 따뜻했어요. 전 세계적으로 측정해 보니 기온이 평균 1도 정도 오른 거로 나타났어요. 이는 과학자 한두 명이 연구한 게 아니라 **수천 건**의 연구에서 밝힌 사실이랍니다.

지구의 평균 표면 온도는
1880년부터 2012년 사이에 0.85도 올랐어요.

지구의 평균 기온이 1도 올랐다는 말은 별로 나빠 보이지 않지만, 이것만 바뀌고 있는 게 아니에요. 물과 날씨의 순환은 모두 태양 에너지 덕분에 돌아가거든요. 지구 온난화가 이미 각 지역의 날씨 상황을 바꿔 놓았어요. 유럽 북부와 아시아, 북아메리카 일부 지역은 1900년 이후로 전보다 더 축축해져서, 눈은 적게 오고 폭풍우는 훨씬 심해졌어요. 다른 어떤 곳보다도 기온이 빠르게 오르고 있는 북극에서는 1979년 이후로 겨울철마다 만들어지는 해빙의 양이 줄어들고 있어요. 북극의 얼음이 평소보다 빨리 녹으니까 전 세계 빙하 역시 줄어들고 있죠. 그린란드와 남극을 뒤덮고 있는 거대한 대륙 빙하에도 똑같은 일이 벌어지고 있어요. 이렇게 녹은 얼음은 어딘가로 흘러가야 하는데, 1901년과 2010년 사이 전 세계 해수면이 평균 19센티미터나 높아지는 결과를 낳았어요.

이런 사실을 잘 알고 있으면 여러분은 누구에게든 지구 온난화와 기후 변화가 이미 일어나고 있다고 확실하게 설명할 수 있어요. 하지만 앞으로도 기온과 해수면이 계속 오를까요? 이 질문에 대답하려면 먼저 무엇이 온실 효과를 부추기는지 알아야 해요.

우리의 적 파악하기

과학자들은 지구 온난화처럼 뭔가 이상하고 걱정되는 현상이 발견되면, 마치 탐정처럼 상황이 어떻게 돌아가는지 파악하려고 해요. 지구 온난화를 범죄 현장에 비유한다면, 과학자들은 이 현상 속에 온통 인간의 지문이 남아 있다는 사실을 알아냈어요.

지금 보이지는 않지만, 우리 머리 위에는 수십 개의 위성이 우주에서 지구를 관찰하면서 날아다니고 있어요. 이런 지구 관측 시스템은 인간을 지켜보는 게 아니에요(그러니까 여러분은 그냥 계속 코를 후벼도 괜찮아요). 이런 관측 시스템들은 지구의 기온을 비롯한 여러 가지 수치를 측정하는 도구를 가득 싣고 있어요. 과거에 지구가 어땠는지에 대한 정보를 모으는 일은 이보다 더 어렵지만, 그래도 가능해요. 남극과 그린란드를 덮고 있는 두꺼운 얼음은 수백만 년 동안 만들어졌기 때문에, 그 안에는 아주 오래된 작은 공기 방울들이 가득하거든요. 과학자들은 이런 대륙 빙하에서 얼음 핵(긴 원통 모양의 얼음)을 파내서 그 안에 갇혀 있는 공기 방울을 통해, 인간이 날씨에 대해 불평하기 훨씬 전에는 지구의 대기가 어떠했는지 알아냅니다.

제일 오래된 남극의 얼음 핵은 그 깊이가 약 3킬로미터에 달하고, 생겨난 시기는 무려 80만 년 전까지 거슬러 올라가요. 이 얼음 핵 안에 있는 오래된 공기를 오늘날 공기와 비교해 보면, 지구 대기의 기체 혼합물이 변했다는 사실을 확인할 수 있어요. 인간이 등장한 이후로 그 이전 어느 때보다 지구 대기에는 이산화탄소와 메탄, 아산화질소가 많아졌어요.

이렇게 많은 온실가스는 어디서 왔을까요? 편안한 삶을 위해서 인간이 해 오던 모든 활동은 이산화탄소와 메탄, 아산화질소를 만들어 냈어요. 200여 년 전 산업 혁명이 시작된 이후로 인간은 교통, 산업, 난방, 전기의 동력을 얻기 위해서 석탄과 석유 같은 화석 연료를 어마어마하게 많이 태웠어요. 이런 연료를 태우면 그 안에 갇혀 있던 탄소가 이산화탄소 가스의 형태로 바뀌어서 나와요. 숲을 태우고 그 자리에 거대한 경작지를 만들 때도 온실가스가 많이 나오지요.

1750년부터 2011년 사이,
인간의 활동으로 약 2조 400억 톤의 이산화탄소가
대기 속으로 더 배출되었어요.

증거에 나타나듯 기후 변화의 주범은 **인간**임이 거의 확실해요. 인간은 온실가스를 추가로 대기에 내보냄으로써 천연 온실 효과를 더 강력하게 만들고, 지구를 더 뜨겁게 만든 거예요. 지금도 온실가스 배출량은 계속 늘어나고 있어요. 2018년에는 상당히 높은 수준인 371억 톤의 이산화탄소가 대기로 나왔어요. 이건 인간을 포함한 지구상 모든 동물의 질량보다 18배 이상 많은 양이에요.

우리가 아무 일도 하지 않으면 지구 온난화, 기후 변화, 그리고 그 영향은 점점 더 나빠질 게 뻔해요. 우리 모두 이런 상황을 만들어 왔다는 사실 또한 확실하죠. 그러니까 다 같이 이 문제를 해결하려는 책임감을 느껴야 해요.

심각하게 고민할 때라고.

인정하지 않는 사람과 맞서기

엄청나게 많은 사람이 기후 변화가 일어나고 있다는 사실을 받아들이고 싶어 하지 않아요. 여러분이 틀림없는 과학 지식을 가지고 이런 어리석은 주장에 제대로 된 답을 내놓는다면, 기후 변화를 막는 데 도움이 될 수 있어요.

지구 온난화의 증거는 매우 분명해요. 녹고 있는 거대한 대륙 빙하에 관해 사실이 아니라고 주장하긴 어렵죠. 하지만 지구 기후가 미래에 또 **얼마나 많이** 변할지, 인간의 탓은 어느 정도인지에 대해서는 의견이 분분해요. 꽤 많은 사람이 기후 변화가 일어나고 있다는 사실 또는 그게 문제라는 사실 자체를 받아들이지 않아요. 기후 변화의 원인과 결과에 관해 우리 모두 시간을 내서 공부하지 않는 것도 상황을 어렵게 만들지요. 다행히도 여러분이 과학을 바탕으로 확실한 답을 마련하여, 현실을 인정하지 않는 사람에게 정확한 정보를 전달할 수 있어요!

> 오늘 정말 춥네.
> 지구 온난화가
> 사실일 리 없어!

날씨와 기후는 달라요. 날씨는 여러분이 어떤 날 창밖을 내다볼 때 알게 되는 거예요. 기후는 **훨씬** 긴 시간 동안 이어지는 날씨의 반복되는 특징이고요. 누군가에게 이 차이를 이해시키려면, 다른 것은 어떻게 측정하는지 비교해 보면 쉬워요. 어린이가 등교하는 방법에 관해 예를 들어 볼까요? 밖을 딱 한 번 내다보는데 마침 비가 오는 날이면, 모든 아이가 우산을 쓰고 터벅터벅 학교로 걸어간다고 생각할지도 몰라요. 하지만 적절한 대답을 찾으려면 오랫동안 여러 아이가 등교하는 방법에 관한 데이터를 모으고 반복되는 특징을 찾아낼 필요가 있겠죠. 그런 다음, 그걸 과거 몇 년간 자료와 비교해서 실제로 어떤 변화가 있는지를 확인해야 해요. 날씨와 기후 변화도 이와 마찬가지랍니다.

반바지를 더 오래 입고 겨울 점퍼를 덜 입으면 좋을 것 같지만, 기온이 1도 오른다는 건 전 세계 평균 수치라는 걸 잊어서는 안 돼요. 어떤 곳에서는 기온이 그보다 훨씬 더 올라갔고, 그저 평균 기온만 바뀌는 게 아니거든요. 물론 기후 변화 때문에 덕을 보는 곳도 있어요. 추웠던 곳에서 따뜻한 기후를 좋아하는 작물이 이전보다 잘 자랄 수 있으니까요. 하지만 크게 보면 기온이 오르는 건 모든 곳에서 나쁜 효과가 좋은 효과보다 더 커요. 극지방의 얼음이 녹으면 수천 킬로미터 떨어진 곳에서 홍수가 날 수 있어요. 열대 지방의 가뭄처럼 극단적인 날씨는 전 세계에 식량난을 일으킬 수도 있지요. 인간만 힘들어지는 게 아니에요. 유엔(UN)은 기후 변화 때문에 이미 수백만 마리의 동물이 위험에 놓여 있다고 미루어 짐작하고 있어요. 우리 모두 똑같은 온실 속에 살고 있고, 동물이든 인간이든 사는 곳이 어디든 기후 변화는 **모두**의 문제예요.

가까운 곳에서 나는 음식 먹기

'식품 마일리지'가 수년째 교과서에 나오고 있어요. 먼 곳에서 재배된 바나나 같은 식품을 먹지 말아야 할까요?

지구 계량기

식품 마일리지는 식품이 식탁에 오르기까지 이동한 거리를 측정한 거예요. 처음에는 먼 곳에서 식품을 비행기나 배로 운반해 올 경우 기후 변화를 유발하므로, 가까운 지역에서 재배한 식품을 먹는 것이 더 낫다고 강조하기 위해 사용되었죠. 예를 들어, 초콜릿은 탄소 발자국이 엄청나게 커서 매년 대기에 **210만 톤**의 온실가스를 뿜어대요. 그 이유 중 하나는 서아프리카와 아메리카 대륙에서 재배한 코코아를 전 세계 초콜릿 공장으로 실어 옮겨야 하기 때문이에요.

초콜릿 바를 일주일에 한 번 먹을 경우
1년에 80그램의 이산화탄소가 나오는데, 이는 휘발유 자동차로
330킬로미터나 이동하는 것과 같아요.

하지만 식품 마일리지는 생각보다 간단하지 않아요. 양고기, 쇠고기, 돼지고기, 치즈, 통조림 참치, 달걀, 두부, 쌀과 견과류를 포함한 많은 식품은 농장을 떠나기 **훨씬** 전에 대부분의 온실가스를 배출하거든요. 지역 농가가 (토양이 적합하지 않아서) 많은 양의 화학 물질을 사용하고, (기후가 필요한 만큼 따뜻하지 않아서) 비닐하우스에 난방을 하고, (기후가 너무 건조해서) 엄청나게 많은 물이나 중장비를 이용해야만 어떤 식품을 재배할 수 있다면, 이런 식품을 지역 내에서 구매하는 것은 다른 곳에서 그 식품을 재배해서 운반하는 것보다 **더 많은** 온실가스를 배출할 수도 있답니다.

한 해 중 일정한 시기에 케냐에서 재배한 깍지 콩이나 스페인에서 재배한 상추는, 영국의 비닐하우스에서 재배하고 경유나 중유로 움직이는 기계로 수확하거나 장기간 냉동시킨 식품보다 이산화탄소를 적게 배출해요. 심지어 초콜릿도 문제가 복잡해요. 한 연구를 보면, 영국에서 만들어진 밀크초콜릿에서 나오는 온실가스의 양 중에서 60퍼센트는 코코아가 아니라 지역에서 만들어진 우유 때문이라고 합니다.

그렇다면 여러분은 무얼 할 수 있을까요? 미국 하버드 대학교 과학자들은 장소뿐만 아니라 **시간도** 고려해서 음식을 먹으라고 권장해요. 식품 마일리지를 식품 시공간으로 바꾸라니, 이게 무슨 말이냐고요? 아인슈타인쯤 되는 사람이나 설명할 수 있는 골치 아픈 개념 같지만, 실은 아주 단순해요. 지역에서 '제철에 재배된 식품', 그러니까 여러분이 사는 지역에서 수확기에 나온 식품을 사먹으라는 의미예요. 제철에 농사짓는 법과 저장법은 다른 어떤 시기보다 친환경적일 가능성이 높거든요. 어떤 식품이 언제 제철인지는 여러분이 어디에 사느냐에 따라 달라지니 먼저 인터넷으로 탐색 활동을 펼쳐 보세요. 그런 다음, 음식 사진을 부엌 달력에 붙여 놓고 식구들에게 이달에 어떤 음식이 제철인지 알려 주세요. 어떤 음식은 여러분이 사는 나라에서는 제철에 날 확률이 **한 번도 없을** 수 있어요. 그런 것은 아예 안 먹으려고 노력하면 좋겠지요.

쓰레기를 음식으로 바꾸기

여러분이 가꾸는 텃밭이나 베란다, 창가에서 재배한 식품보다 더 지역적인 식품은 없을 거예요. 게다가 남들이 보통 내다 버리는 물건을 가지고도 식물을 키울 수 있답니다.

오래된 잡동사니를 가지고 새로운 식물을 키우는 방법을 배운 뒤, 지구에 유익한 공짜 음식을 즐겨 보세요! 먼저 식품 포장재를 화분으로 재사용해서(낡은 계란 틀도 충분히 가능해요) 볕이 잘 드는 창가에서 연구를 시작해 보세요. 처음에는 화분용 흙을 사용하는 게 좋은데, 많은 양이 필요하지는 않아요. 물을 넉넉하게 주되, 너무 흥건하지 않도록 하세요. 어린싹이 튼튼해 보인다 싶을 때 텃밭으로 옮기거나 더 큰 화분으로 옮긴 뒤, 창가에 올려 두세요.

★ 절대 죽지 않는 당근

- ✹ 물에 적신 면 패드를 접시에 담아요.
- ✹ 당근(혹은 순무) 윗부분을 면 패드 위에 올려요.
- ✹ 윗부분에서 싹이 나면 밖에 있는 흙(아니면 실내에 있는 깊은 용기의 흙)에 심어요.

계속 생겨나는 마늘

- ✹ 마늘 한 통에서 한 쪽을 떼어내요.
- ✹ 떼어낸 한 쪽의 뿌리를 아래로 향하게 해서 심어요.
- ✹ 볕이 잘 드는 창가에 올려 둬요.
- ✹ 싹이 올라오면 계속 다듬어요.
- ✹ 마늘 한 쪽이 곧 새로운 한 통이 될 거예요.

끝없이 자라는 토마토

- ✹ 씨앗을 몇 개 씻어서 말려요.
- ✹ 봄철에 씨앗을 화분에 심어요.
- ✹ 싹이 몇 센티미터로 자라면 바깥에 옮겨 심어요. (아니면 약간 더 큰 화분으로 옮긴 뒤, 날씨가 쌀쌀할 때는 창가에 올려 둬요.)

고장 난 물건 고쳐 쓰기

여러분이 만드는 탄소의 양을 줄이는 최고의 방법 중 하나는 물건을 적게 사는 거예요. 하지만 물건이 고장 나면 어떻게 할까요? 다른 거로 대신해야 할 텐데 말이에요.

지구 계량기

가게에서 어떤 물건을 집어 들었는데 상자에 **'이건 내년쯤 고장 날 거예요'**라고 적혀있다면, 아마 그것을 다시 선반 위에 올려 두겠죠? 하지만 놀랍게도 우리가 사는 많은 물건은 실제로 수명이 아주 짧게 설계되어 있어요. 이런 식의 사업 모형을 두고 '계획된 노후화'라고 부르기도 해요. 전구와 칫솔, 식기세척기 등 일부 상품은 일정 기간이 지나면 작동을 멈춰서 새로 물건을 살 수밖에 없도록 만들어져 있어요. 옷, 자동차, 핸드폰 같은 상품은 몇 달 또는 몇 년에 한 번씩 최신 모델이 나오지요. 이전 모델을 투박하거나 유행에 뒤져 보이게 해서 새 모델을 사고 싶게 만들려는 게 판매자의 목적이에요.

2018년, 유럽 연합 의회는 전자 제품의 계획된 노후화를
중단시키기 위해서 투표했어요. 유럽 연합 의회는
제조업체가 상품을 수리하기 더 쉽게 만들고,
제품 수명에 대한 정보를 포장에 넣게 하길 원해요.

시간이 지나면서 어떤 물건이 고장 나거나 조금 낡아 보일 경우, 우리는 그냥 새로운 물건을 사라고 배웠어요. 하지만 꼭 그렇게 해야 하는 건 아니에요. 장난감, 도구, 옷 등을 정성껏 수리하면 최소한 몇 가지 물건의 수명을 늘릴 수 있어요. 여러분이 모험과 수리, 새로운 물건을 만들어 내는 걸 좋아한다면 이 일이 아주 재미있을 거예요. 그리고 물건을 버리지 않고 수명을 늘릴 때마다, 새 물건을 생산하느라 온실가스를 내뿜는 상황도 막을 수 있어요.

물건을 뚝딱 고치는 슈퍼스타가 되는 최고의 방법

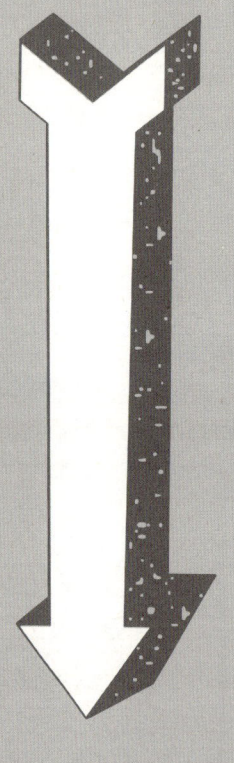

5. 리모컨 장난감이든 청바지든 망가진 물건을 던져 버리기 전에 손쉽게 고칠 방법을 인터넷에서 검색해 달라고 어른에게 부탁하세요. 시계, 옷, 이어폰, 가구 등 온갖 물건을 수리하는 '문화로놀이짱(www.norizzang.org)' 같은 곳에 들어가 보거나, '수리 병원', '수리 센터' 등을 검색해 보세요.

4. 나만의 수선 도구 상자를 만들어 두세요. 바느질 도구와 여분의 단추(76쪽을 보세요), 드라이버와 여분의 나사, 줄자, 펜치, 핀셋, 강력테이프, 무독성 풀, 옷핀, 크레용, 보호용 안경, 클립, 고무줄, 가위, 끈, 매직 블록 같은 것들을 수선 도구 상자에 넣어둘 수 있어요.

3. 폼 카드나 만능 접착제 스그루(Sugru) 같은, 변형 가능한 수선용 접착제를 구해 두세요. 이걸 이용하면 망가진 신발부터 피복이 벗겨진 이어폰 줄까지 뭐든 고칠 수 있어요.

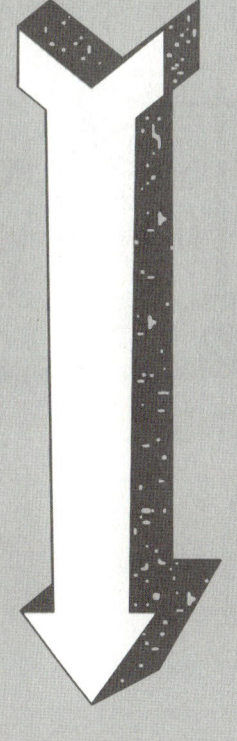

2. 아직 마음에 드는 방법을 찾지 못했다면, 여러분이 사는 지역에서 수리 병원이나 수선소를 찾아보세요. 이런 곳에는 조언해 주거나 물건을 고쳐줄 수 있는 자원봉사자뿐만 아니라, 물건을 고칠 때 사용할 도구와 재료를 만날 수도 있어요.

1. 이렇게까지 했는데 **아직도** 수리가 어렵다고 생각한다면, 물건을 완전히 해체해서 부품들을 가지고 아예 새로운 것을 만들어 보는 건 어떨까요?

수선은 여러분의 탄소 발자국을 줄여 줄 뿐만 아니라 문제 해결력을 높여서, 나중에 여러분이 재미난 직업을 가지는 데 도움이 될 수 있어요. 다니엘 조지(Danielle George), 제인 니 덜차오인타이(Jane Ni Dhulchaointigh), 제인스 스완슨(Janese Swanson) 같은 공학자들의 이야기를 찾아보세요. 이들은 모두 어릴 때부터 고장 난 물건을 고치는 걸 아주 좋아했답니다. 또, 고장 난 장난감을 무료로 고쳐 주는 한국 '키니스장난감병원(http://cafe.naver.com/toyclinic)'의 장난감 박사 할아버지들도 만나 보세요.

생태도서관 만들기

도서관은 놀랍고 신기한 곳이에요. 이곳에 꼭 책만 있으라는 법은 없죠! 장난감, 화려한 드레스, 파티용품을 빌려주는 도서관이 있다고 상상해 보세요. 이제 한번 만들어 볼까요!

지구 계량기

파티나 옷을 멋지게 차려입는 날에는 보통 아주 신나기 마련이지만, 이런 특별 행사는 지구에 스트레스를 줄 수 있어요. 파티 의상이나 장식, 수저, 포크, 컵, 접시는 **한 번** 쓰고 나서 버려지거나 잊힐 때가 많아요. 이 문제를 해결하려고 전 세계 지역공동체가 파티용품과 행사용품을 빌려주는 대여 프로그램을 만들고 있답니다. 여러분이 다니는 학교는 이런 계획을 실행하기에 완벽한 장소에요. 이렇게 해 보세요.

1. 생태도서관을 만들 작은 팀을 모아요. 최소한 선생님 한 분이나 학부모 자원자를 포함해서요. 그 다음, 남들에게 어떤 걸 빌려주고 싶은지 결정해요. 이런 건 어때요?

   ✸ 파티 장식과 재사용 가능한 식기
   ✸ 파티용 드레스
   ✸ 장난감과 게임
   ✸ 스포츠 장비

2. 여러분이 선택한 물건을 모아요. 가장 좋은 방법은 가족에게 더는 사용하지 않는 물건을 기부해 달라고 부탁하는 거예요. 아니면 모금을 한 다음, 중고품 가게에서 살 수도 있어요.

3. 대여를 위한 규칙을 결정해요. 물건을 빌리려면 어디로 와야 하나요? 한 번에 몇 개를 빌릴 수 있나요? 물건 하나를 얼마나 오래 빌릴 수 있나요? 도서관에 가입하거나 물건을 빌리려면 요금을 내야 하나요? 어쩌다가 빌려 간 물건을 잃어버리거나 고장 내면 어떻게 해야 하나요? 반납하기 전에 물건을 깨끗이 닦아야 하나요? 부모님에게 여러분의 계획을 이야기할 때 이런 정보를 모두 포함하세요.

4. 남은 물건을 어디에 모아 놓을지 계획을 세워요. 물건을 넣어 둘 튼튼한 상자가 필요할 거예요. 안에 뭐가 들어있는지 목록을 만들어서 상자 뚜껑 안쪽에 붙여 두세요. 장난감이나 의상을 빌려줄 때를 대비하여 그 물건을 사용하기에 알맞은 나이나 물건 크기에 대한 정보를 목록에 넣으세요.

5. 무엇을, 언제, 누구에게 빌려주었는지를 기록하는 시스템을 만들어요. 그냥 종이에 적거나, 컴퓨터 엑셀 프로그램에 기록하여 보관할 수 있어요. 빌려준 물건이 단 한 가지(파티 장식이 든 상자 하나)라고 해도 예약 여부를 기록할 달력이 필요할 거예요.

6. 여러분의 자원 활동가 업무는 아직 끝이 아니에요! 남아 있는 물건이 다시 빌려 갈 정도로 안전하고 깨끗한지 확인하는 걸 꼭 잊지 마세요.

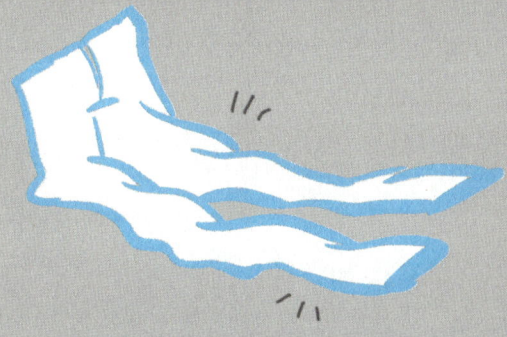

인공 정원을 다시 야생으로

좋은 소식이 있어요.
여러분은 아무것도 하지 않고
기후 변화에 맞서 싸울 수
있어요!

우리 주위에는 단정하게 가꾼 정원이나 한 가지 작물만 가득한 밭, 대형 동물이 사라진 숲은 많지만, 야생이 살아 있는 땅은 찾기가 어려워요. 야생성을 되찾기 위한 운동은 땅을 자연에 가까운 상태로 되돌아가도록 내버려 둠으로써 이런 상황을 바꾸려는 게 목표예요.

야생성 회복 운동은 여러분이 가꾸는 텃밭이나 집 근처 작은 크기의 땅에 맞게 축소할 수 있어요. 식물의 야생성을 되살리는 데 초점을 맞추세요. 그러면 동물은 자연스럽게 따라올 거예요. 최대한 아무 일도 하지 말고 정원이 알아서 하게 내버려 두세요! 만약 사용할 만한 공간이 없다면 학교 운동장이나 뒷마당에서 야생성을 되살려 보아요. 관리를 잘한다고 상을 받지는 못하겠지만, 지금보다 관리가 잘된 지구를 만드는 데 보탬이 될 거예요.

정원에 야생성을 되살리는 최고의 방법

5. 화학 물질 사용을 **멈추세요**. 인간은 자연 상태로 살아가는 식물과 동물을 통제하려고 이런 화학 물질을 사용하곤 해요. 살충제, 제초제, 인공 비료를 사용하지 말자고 가족을 설득하세요.

4. 잡초 뽑기를 **멈추세요**. 아름다운 야생 정원을 얻으려고 야생화 씨앗을 살 필요는 없어요. 그냥 아무것도 하지 말아요! 동물이 찾아와서 씨앗을 떨어뜨리거나, 바람에 날려 온 잡초가 여러분의 텃밭에 자리 잡을 거예요. 이 씨앗이 충분히 오래 살도록 내버려 두면, 분명 아름다운 꽃을 피울 거예요. 야생화는 곤충의 훌륭한 먹이이기도 하죠.

3. 정리 정돈을 **멈추세요**. 잎사귀, 가지, 나무토막도 그냥 쌓아 두세요. 이런 것 모두가 작은 동물과 다른 야생 생물에게 은신처를 제공해요. 여러분의 정원에서 더 많은 곤충이 살수록 몸집이 큰 동물이 찾아올 가능성이 더 커져요.

2. 잔디 깎기를 **멈추세요**. 야생 생물은 깔끔하게 정돈된 잔디를 아주 싫어해요. 숨을 곳도 없고, 배불리 먹을 수 있는 꽃도 없으니까요. 최소한 한 구역은 풀이 마음껏 길게 자라도록 내버려 두고, 나머지는 너무 심하게 자랐을 때만 잘라내요.

1. 연못을 **만들어요**. 그러려면 조금은 힘을 써야 하지만, 여러분의 정원을 흥미진진한 사파리로 만드는 건 충분히 가치가 있는 일이에요! 낡은 플라스틱 세숫대야를 가져와 연못 안쪽 벽이 되도록 흙 속에 파묻으세요(그늘과 햇볕이 조금씩 있는 장소를 골라요). 연못 물을 신선하고 깨끗하게 유지하려면 연못 식물을 몇 개 넣으세요(식물이 담겨 있던 화분 채로 그냥 집어넣어요). 그다음, 빗물을 모아서 대야를 채운 뒤 기다려요. 얼마 지나지 않아 야생 생물들이 안에서 움직이기 시작할 거예요.

복제 그레타 되기

십 대 기후 운동가 그레타 툰베리(Greta Thunberg)는 혼자 힘으로 세상에 기후 문제의 시급함을 일깨웠어요. 우리가 복제 그레타가 되기 위해 간단한 일 다섯 가지를 해 볼 수 있어요.

'기후를 위한 등교 파업'이라고 적힌 푯말을 들고 스웨덴 국회 밖에 처음 앉아 있었을 때, 그레타는 유명 인사도, 정치인도, 소셜 미디어 스타도 아니었어요. 가끔 말하는 게 아주 힘들다고 이야기하는 수줍은 십 대였답니다. 하지만 힘 있는 사람들이 과학자들의 연구 결과에 귀를 기울이고 기후를 위해 행동해야 한다고 요구했어요. 그러면서 그레타는 전 세계 어린이를 기후 행동에 나서게 한 운동을 시작했고, 노벨 평화상까지 받았어요. 110개 나라에서 100만 명이 넘는 사람이 최근 등교 파업에 동참했는데, 그레타의 발자취를 따라갈 방법은 그 밖에도 아주 많아요.

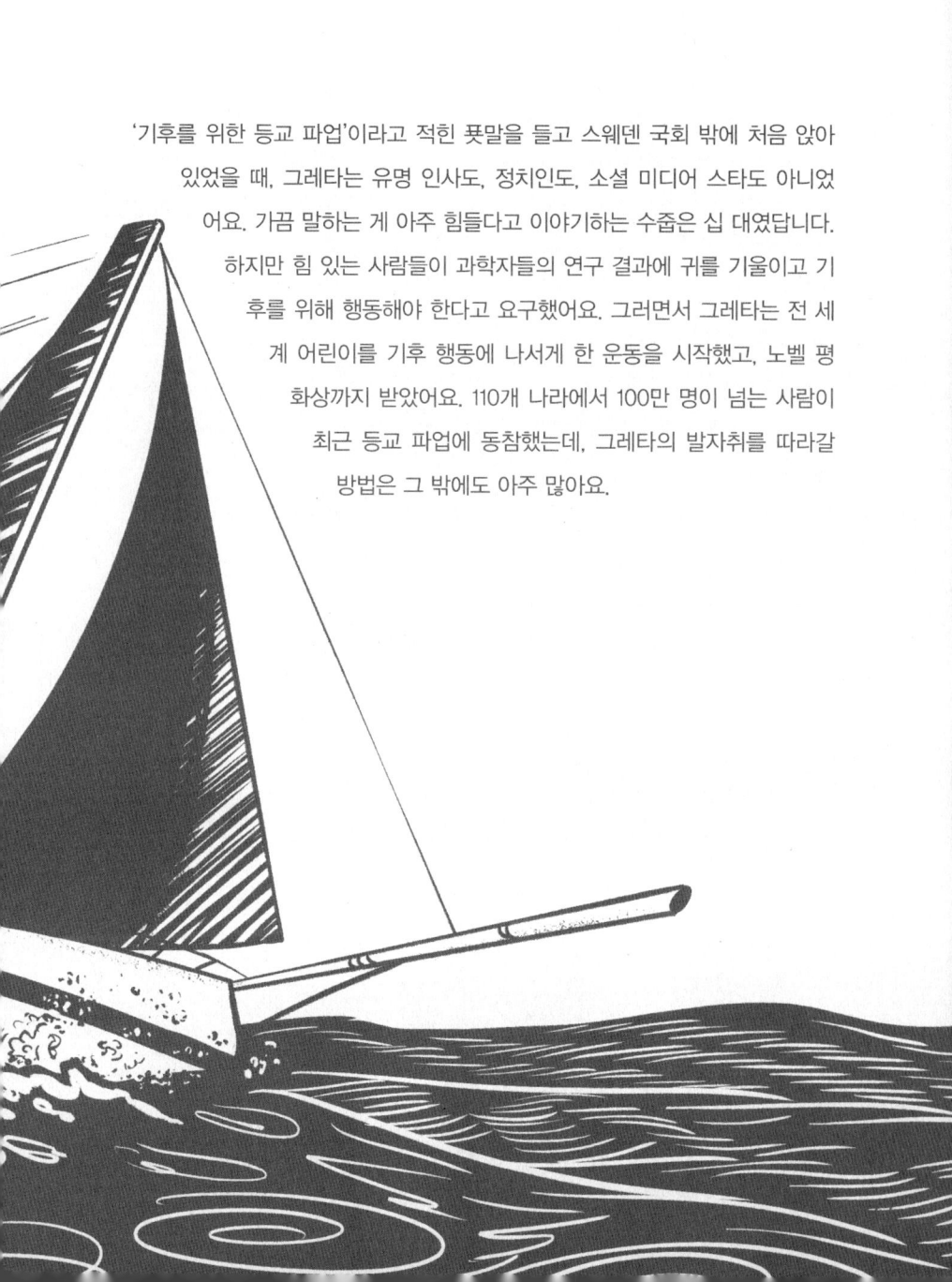

1. **행동에 옮겨요**. 아무리 작은 거라도 상관없어요. 기후 변화의 심각성은 워낙 어마어마해서 기가 죽을 정도예요. 하지만 그레타는 '우리에게는 희망보다 행동이 더 필요하다'라는 메시지를 전달해요. 그레타는 긍정적인 행동 덕분에 온갖 문제에 대해 슬픔 대신 자신이 뭔가를 할 수 있다는 마음을 갖게 되었대요. 이 책에 실린 아이디어를 참고하면 여러분도 시작할 수 있어요.

2. **다른 사람의 행동에서 아이디어를 얻어요**. 그레타는 등교 파업을 처음으로 시작하기 전, 미국 총기법 피해에 관한 항의 시위에 교훈을 준 미국 플로리다 학생들에게서 아이디어를 얻었대요.

3. **기차를 타요**. 아무리 중요한 행사라도, 아무리 오래 걸려도, 그레타는 화석 연료를 먹어 대는 비행기를 타지 않기로 했어요. 그레타는 비행기 대신 기차나 전기 자동차로 유럽 곳곳을 여행해요. 심지어 뉴욕에서 열리는 유엔 지구 온난화 정상 회담에 참석하려고 돛단배를 타고 대서양을 건넜답니다!

4. **이야기를 퍼뜨려요**. 그레타는 대부분의 사람이 기후 변화의 시급함에 대해서 충분히 알게 되면 기꺼이 해결을 위해 나설 거라고 믿어요. 그레타는 과학 지식을 쌓은 후 집에서 그 이야기를 퍼뜨려서, 아버지가 채식주의자가 되도록 설득하고 어머니가 비행기를 타지 않게 만들었답니다. 이제는 힘 있는 사람들에게 이야기를 퍼뜨리는 데 힘을 쏟고 있어요.

5. **지금 시작해요**. 여러분은 행동하기에 너무 어리지 않아요. 그레타는 기후 위기에 관한 책을 읽기 시작했을 때 9세였고, 행동하자고 결심했을 때 11세, 처음으로 스웨덴 국회 밖에서 시위를 벌였을 때는 15세였어요. 행동하는 데는 수천 가지 방식이 있고, 굳이 혼자서 할 필요가 없어요. 가까운 곳에서 어떤 실천이 벌어지고 있고, 어떻게 함께할 수 있는지 알아보아요.

온수 사용 줄이기

온실가스가 나오는 양을 줄이려면 화석 연료를 적게 태워야 해요. 집에서 사용하는 온수를 줄이는 것부터 시작해요.

온천 근처에 살지 않는 이상, 온수는 여러분이 집에서 만들어 내는 탄소 발자국 가운데 가장 큰 부분을 차지할 가능성이 높아요. 어떤 집에는 우르릉 소리를 지르며 이산화탄소, 메탄, 아산화질소를 뿜어 대는 천연가스나 석유보일러가 있고, 어떤 집에서는 전기로 온수를 만들기도 해요. 전기온수기는 온실가스를 직접 만들어 내지는 않지만, 이 세상 전기의 대부분은 여전히 화석 연료를 태워서 만들어요. 오스트레일리아 가정에서 사용하는 전기온수기는 저공해 화석 연료 온수기보다 온실가스를 무려 **3배** 더 많이 만들어 낸답니다. 재생 에너지를 가지고 생산된 전기가 더 많아지기 전까지, 전기로 온수를 만드는 건 **나쁜 소식**이에요.

온수 사용은 영국 일반 가정이 만드는
탄소 발자국 가운데 거의 1/4을 차지하고,
영국 전체 탄소 배출량 중 5퍼센트를 담당해요.

집에서 온수 사용을 줄이는
다섯 가지 방법

1. 그릇이 가득 찼을 때만 식기세척기를 돌린다면, 손으로 설거지하는 것보다 식기세척기를 사용하는 게 환경에 더 이로울 수 있어요. 손으로 설거지할 때는 냉수를 사용하고, 온수로 헹구지 마세요.

2. 욕조에 몸을 담그는 탕 목욕 대신 샤워를 하되 짧게 하세요. 빠르게 쏟아지는 물속에서 샤워를 4분 이상하면, 욕조에서 목욕하는 것보다 온수를 훨씬 많이 써 버리게 돼요.

3. 옷을 여러 번 입은 뒤에 빨래 통에 넣어요. 그러면 옷을 더 오래 입을 수 있답니다. 눈에 보일 정도로 더럽거나 냄새가 나지 않으면, 빨래 통에 넣지 않도록 해요.

4. 기계 다루는 법을 잘 아나요? 남들이 항상 여러분에게 컴퓨터 작업을 부탁하나요? 그렇다면 보일러 조작법에 대해 열심히 공부해서, 온수가 필요할 때만 보일러가 온수를 만들도록 한번 고쳐 보세요.

5. 수도꼭지에서 나오는 온수가 항상 사용하기 힘들 정도로 뜨거우면, 어른에게 보일러의 수온 조절기나 저장 탱크의 수온을 낮춰달라고 부탁하세요. 대부분 가정에서 온수는 60도면 아주 따뜻하답니다.

수도꼭지 잠가!

체육복을 빨지 않는 게 지구를 구하는 길이라고 부모님을 설득하기가 힘들 때는, 이 모든 게 돈을 절약해 준다는 점을 강조하세요. 가스보일러가 있는 영국 가정의 난방 요금 가운데 약 20퍼센트가 샤워나 목욕 등 온수를 사용할 때 발생한답니다.

스프레이는 안 돼!

우리는 멋진 외모와 기분 좋은 향 때문에 종종 에어로졸(aerosol) 스프레이를 사용하지만, 지구 입장에서 스프레이는 구리기 짝이 없어요.

지구 계량기

헤어스프레이, 탈취제, 스프레이 페인트와 같이 캔에 담긴 에어로졸은 액체를 빠르고 쉽게 원하는 곳에 뿌릴 수 있게 해 줘요. 오랫동안 클로로플루오르카본(CFCs)이라고 하는 기체가 압축 기체, 즉 버튼을 누르는 순간 뿜어져 나와 액체의 일부가 함께 튀어 나가게 만드는 기체로 사용되었어요. CFCs는 완벽해 보였어요. 독성도 없고 불에 타지도 않아서, 그냥 공기 중으로 퍼져도 아무런 문제가 될 게 없을 것 같았죠.

그러다가 50년쯤 전에 과학자들은 우리가 공기로 날려 보낸 모든 CFCs가 성층권으로 높이 날아가서 오존이라고 하는 기체를 방해한다는 사실을 깨닫고 깜짝 놀랐어요. 오존은 천연 온실가스지만, 태양의 가장 나쁜 복사선을 막아 지구상에서 생명체가 살도록 해 주는 아주 중요한 햇빛 차단제이기도 해요. CFCs가 일으킨 피해는 남극 하늘의 오존층에 거대한 구멍을 만들었어요. 문제가 너무 심각해서 세계 각 나라가 CFCs와 그 밖의 유사한 화학 물질을 사용하지 않기로 빠르게 합의했죠. 1987년 몬트리올 의정서는 이제까지 있었던 국제 협약 중에서 **가장 성공적**인 협약이 되었고, 각 나라가 노력하기만 하면 함께 힘을 모아 환경 피해를 막을 수 있다는 사실을 증명했어요. 1990년대 중반, 오존층에 있던 구멍이 더는 커지지 않게 된 거죠. 2070년쯤에는 오존층이 저절로 회복되기를 바라고 있어요.

CFCs 사용 중단은 기후에도 좋은 소식이었어요. CFCs는 강력한 온실가스거든요. 하지만 스프레이가 든 캔은 아직도 상점에 가면 볼 수 있어요. CFCs 대신 사용하는 수소화불화탄소(HFC) 압축 기체도 마찬가지로 온실가스인데 말이에요. HFC 중에서도 어려운 이름으로 사람들을 유혹하는 HFC-134a라는 기체는 진짜 특급 악당이라서, 태양열을 가두는 능력이 이산화탄소보다 1,430배 더 뛰어나요! 스프레이 캔 하나에서 한번 칙 하고 나오면, 수백 년 동안 대기 중에서 사라지지도 않아요.

몬트리올 의정서에 서명한 나라들은 새로운 협약을 제안했어요. HFCs의 사용을 단계적으로 중단시키는 키갈리 수정안이 바로 그 협약이에요. 이건 작은 변화로 미래에 온난화를 0.5도까지 막을 수 있는, **영향력이 큰** 대책이 될 수 있어요. 어떤 나라는 벌써 이 제안에 선뜻 응했어요. 다른 나라는 2024년부터 이 방침을 따르게 될 거고요.

하지만 모든 나라가 키갈리 수정안에 서명하지는 않았어요. 여러분은 두 가지 방법으로 도울 수 있어요. 일단 지역 정치인에게 키갈리 수정안을 비준하도록 재촉하는 편지를 쓰는 거예요. 그리고 무엇보다 중요한 건 여러분 스스로 에어로졸을 사용하지 않는 거죠. 에어로졸 안에 담긴 거의 모든 물질은 다른 방법으로도 충분히 **사용할 수 있어요**. 스프레이가 인기가 있는 건 사용하기가 편해서일 뿐이에요.

휴가는 집에서 보내자

휴가 때 여러분은 탄소 발자국을 크게 부풀릴 수 있어요. 가족과 휴가를 집에서 보내서 지구도 쉴 수 있게 해 주세요.

여러분은 비행기 여행이 지구에 해롭다는 건 들어본 적 있을 거예요. 하지만 런던과 로마를 오가는 비행으로 생기는 탄소 발자국이 마다가스카르나 에티오피아에 사는 보통 사람이 **1년간** 만드는 탄소 발자국보다 더 크다는 사실도 알고 있나요? 해외여행 대신 휴가를 집에서 보내기로 마음먹는 건 변화를 이끄는 똑똑한 방법인 데다 엄청나게 재미있을 수 있어요. 단, 숙제나 요리, 청소 등 아무것도 하지 말고 그냥 푹 쉬는, 특별한 휴가에 도전해 봐요.

집에서 보내는 특급 휴가를 위한
열 가지 조언

1. 대중교통(버스, 지하철, 기차)을 타고 하루 동안 얼마나 멀리 갈 수 있는지 알아봐요.

2. 마당이나 가까운 캠핑장에 여러분이 잘 수 있는 잠자리를 만들고 모닥불을 피우세요. 그리고 별 아래서 하룻밤을 보내기 위해 별자리 앱을 내려받아요.

3. 온라인 지도를 가지고 도보 여행(또는 자전거 여행)을 계획한 다음, 온 가족과 함께 그 길을 따라 여행해요.

4. 집 근처를 걸어 다니면서 가까운 곳에 사는 식품 생산자를 만나고, 한 장소에서 식품 한 가지를 사는 소풍을 계획하면서 맛집 여행을 떠나세요. 식품을 모두 산 뒤에는 가까운 공원에 가서 마음껏 즐겨요.

5. (먼저 예산을 정한 뒤) 할 일을 적은 종이를 유리병에 담고 집에서 휴가를 보내는 동안, 한 번에 하나씩 꺼내 보세요.

6. 패들 보드, 패러글라이딩, 산악자전거 타기 등 가까운 곳에서 새로운 스포츠에 도전해요.

7. 요가, 명상, 독서, 미용에 집중하는 홈 스파 날을 계획해요. 유기농 설탕이나 소금으로 몸을 문지르고, 오이를 얇게 잘라 붙여 눈을 시원하게 하고, 베이킹파우더와 페퍼민트 차를 섞은 물에 발을 푹 담가 봐요!

8. 동네 보물 탐사 코스를 찾아보거나, 보물찾기 앱을 내려받아서 하루 만에 얼마나 많은 보물을 찾을 수 있는지 확인해요.

9. 가능하면 대중교통으로 가장 가까운 해변을 찾아가요.

10. 여러분이 잘 아는 마을이나 도시에서 관광객이 되어 보세요. 먼저 관광객 안내소에 가서 풍경이 멋진 장소와 숨은 역사, 새로운 활동을 찾아내요. 중간에 간식을 먹는 것도 잊지 말고요!

내 발 크기 재기

우리는 지구를 보살피지는 못할망정 오히려 심각하게 괴롭히고 있어요. 탄소 발자국을 측정해 보면 여러분이 기후 변화에 얼마나 영향을 주는지, 그리고 무엇을 할 수 있을지 알아낼 수 있어요.

한 개인의 탄소 발자국은 본인이 매년 온실가스를 몇 톤이나 만드는지 어느 정도 알려 줘요. 집에서 태운 화석 연료 때문에 배출된 온실가스도 여기에 포함돼요. 예를 들어, 여러분의 집에 천연가스나 석유를 태우는 보일러가 있다면 말이에요. 그리고 여러분이 사용하는 전기를 만들어 낸 발전소, 물건을 만든 공장, 음식을 재배한 농가에서 나온 온실가스처럼, 집에서 멀리 떨어진 곳에서 발생한 양도 들어가고요. 사실 여러분이 뭔가를 하려고 사용하는 거의 모든 것이 어느 지점에서 반드시 온실가스를 만들어 냅니다.

그렇다고 해서 여러분이 계속 걷기만 하고 어두컴컴한 곳에서 살아야 한다는 말은 아니에요(두 가지 모두 탄소 중립적이긴 하지만요). 인간의 활동 중에서 어떤 것은 다른 것에 비해 온실가스를 훨씬 많이 배출한답니다. 탄소 발자국 계산은 어떤 걸 바꿔야 가장 **효과**가 좋은지 알아낼 수 있는 훌륭한 방법이에요.

일단 탐정 활동으로 시작해 봐요. 여러분과 가족이 에너지를 써서 하는 일에 관해 최대한 많은 정보를 모아요. 1년 치 전기사용량 같은 한 가정에 대한 종합 정보를 모았다면, 그걸 다시 가족 구성원의 수로 나눠서 개인에 대한 수치로 사용하면 돼요.

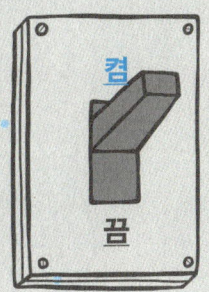

그다음 그 데이터를 아래의
탄소 계산기 중 하나에
집어넣으면, 여러분이 만드는
탄소 발자국의 총합이 나와요.

＊ 한국기후환경네트워크 탄소 발자국 계산기
www.kcen.kr/tanso/intro.green
＊ CARBONFOOTPRINT.COM/CALCULATOR.ASPX
＊ FOOTPRINT.WWF.ORG.UK

여러분의 탄소 발자국을 계산한 다음, 우리나라 평균과 다른 나라 평균을 비교해 보세요(단위는 톤이에요).

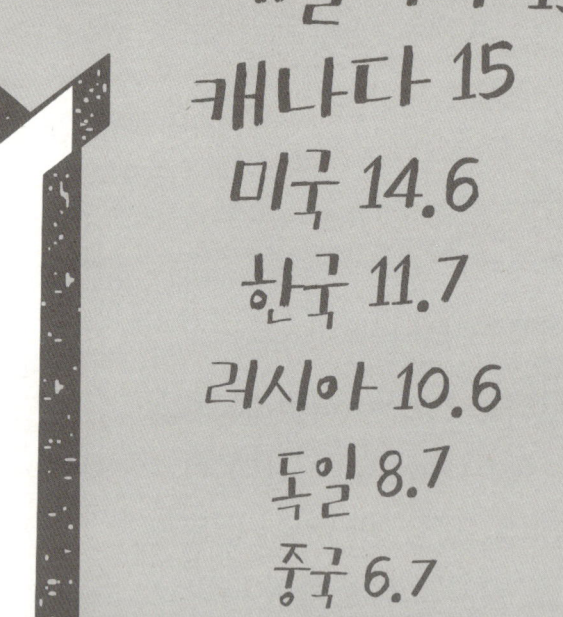

카타르 30.4
오스트레일리아 15.6
캐나다 15
미국 14.6
한국 11.7
러시아 10.6
독일 8.7
중국 6.7
노르웨이 6.6
영국 5.4
이탈리아 5.3
포르투갈 4.9
스웨덴 3.8 우크라이나 3.8
인도 1.6
에티오피아 0.1

쓰레기통에
밥 주지 말기

식품은 탄소 발자국이 엄청나게 커요(그리고 시큼한 냄새가 진동하죠). 하지만 여러분은 아무것도 포기하지 않고도 이 탄소 발자국을 줄일 수 있어요.

화석 연료 연소만 지구 온난화에 기여하는 건 아니에요. 나무를 베거나 가축을 키우는 것도 마찬가지죠. 나무를 베고, 농사를 짓고, 식품을 가공, 포장, 저장해서 상점과 가정으로 배달하는 과정에서 발생하는 온실가스 배출량을 더해 보면, 전 세계 77억 인구를 먹이는 일은 전체 온실가스 배출량의 무려 **1/4**을 차지하는 거로 나와요. 요리를 만드는 데 들어간 에너지는 넣지 않았는데도 말이지요.

하지만 절망하지 말아요! 아무것도 포기하지 않아도 여러분의 탄소 발자국을 줄일 수 있으니까요. 먹는 양을 줄이는 대신 **버리는** 양을 줄이면 돼요.

음식물 쓰레기는 큰 골칫거리예요. 매년 전 세계에서 생산된 음식의 1/3 정도는 사람들 입에 들어가지도 못해요. 그러니까 식품 생산에서 나오는 온실가스 배출량의 1/3은 **아무런 이유도 없이** 지구 온난화에 도움이 되고 있다는 말이에요.

아래 그림은 매년 전 세계에서 각 식품이 얼마나 많이 버려지는지 보여 줘요.

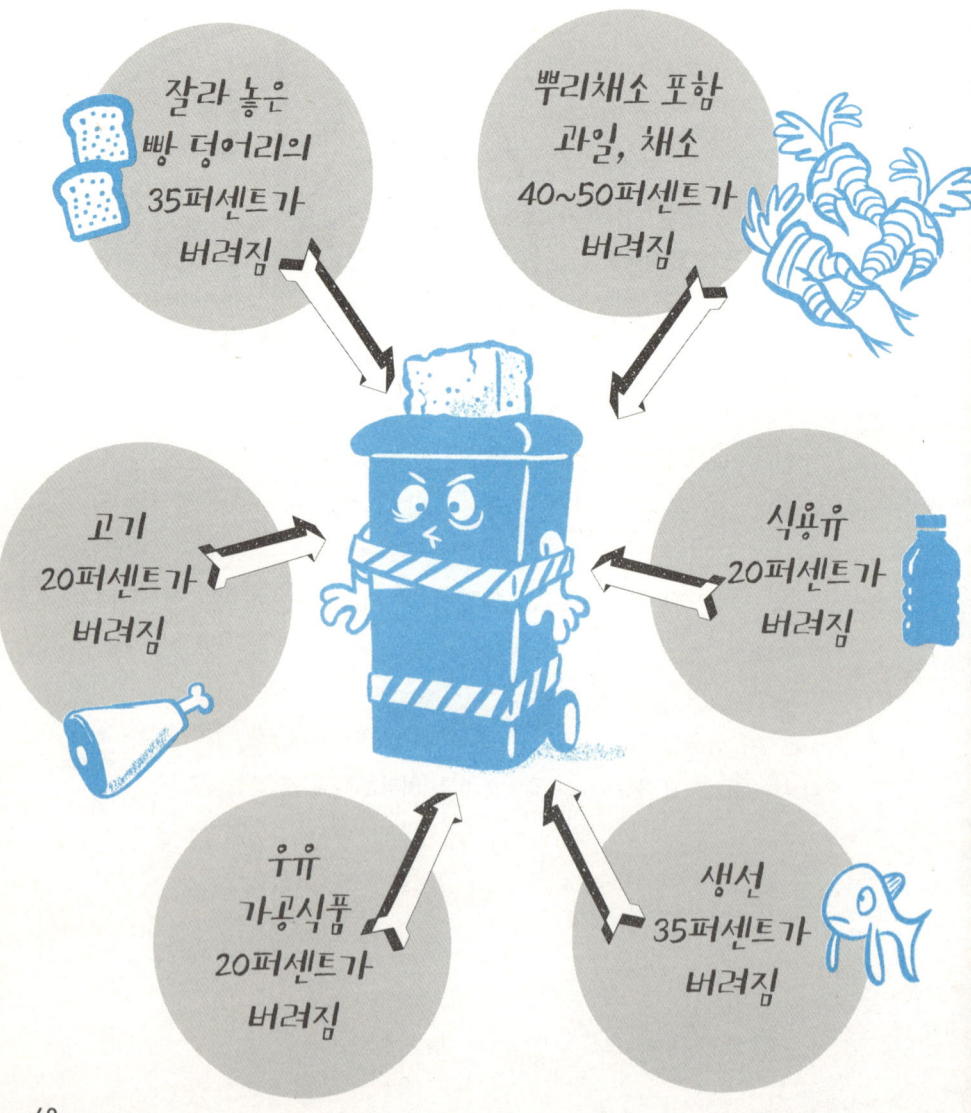

음식물 쓰레기를 줄이기 위한 최고의 방법

3. **양껏 먹어요.** 그릇에 음식을 가득 담지 말고, 끼니때마다 가족에게 얼마나 먹을 수 있는지 물어보고 각자 먹고 싶은 만큼만 담아요. 이렇게 하면 남은 음식을 냉장 또는 냉동했다가 다음 끼니때 꺼내 먹기가 더 쉬워져요.

2. **창의력을 발휘해요.** 일주일에 한 번, 남은 음식과 집에 있는 재료만 가지고 한 끼 식사나 간식을 요리하는데 도전해 보세요. 인터넷에서 아이디어를 얻어도 좋아요('냉장고 파먹기'로 검색해 보세요).

1. **기록해요.** 냉장고에 신선 식품을 넣을 때마다 사용 기한을 적으세요. 그때까지 먹지 못했으면 바로 냉동시켜요! 우유와 치즈도 이렇게 하면 돼요. 이때 치즈는 깍두기 모양으로 자르세요.

지구를 위해 꾸물거리기

돈을 많이 벌수록 탄소 발자국도 같이 늘어나요. 여러분이 받는 용돈이 지구에 구멍을 내지 않게 막아 보세요.

지구 계량기

같은 지역이나 동네 안에서도 사람에 따라서 탄소 발자국은 크게 차이가 나요. 예를 들어, 유럽 연합 일부 지역에서는 탄소 발자국이 사람에 따라 0.6~6.5톤까지 다양해요. 이렇게 큰 차이가 나는 이유는 뭘까요? 탄소 발자국이 작은 사람은 특별히 에너지 효율이 높은 집에 사는 걸까요? 이런 사람은 태양광 발전으로 만든 전기를 쓸까요? 그렇지 않아요. 과학자들은 중요한 차이는 소득밖에 없다는 사실을 알아냈어요.

돈을 많이 벌수록
탄소 발자국이 커졌어요.

한 사람이 1년에 157만 원 정도를
더 벌 때마다 온실가스 배출량은
265킬로그램씩 늘어났어요.

왜 그런지는 쉽게 알 수 있어요. 돈이 많을수록 많은 물건을 사므로(특히 옷과 공산품 같은 물건들) 탄소량이 늘어나는 거죠. 그럼 어떻게 하면 생일에 받은 돈이나 용돈이 지구를 지키려는 노력에 구멍을 내지 못하게 막을 수 있을까요? 간단한 방법이 있어요.

새 옷이나 게임기, 휴대폰 등 뭔가를 사고 싶을 때마다 **일주일을 기다린 뒤** 최종 결정을 내리는 거예요. 그 많은 시간을 보내다 보면 구매 욕구가 희미해지고, 꾸물거리는 행동이 지구에 이롭다는 걸 알게 될 거예요. 게다가 여러분은 **정말로** 뭔가가 필요할 때를 위해서 돈을 더 많이 모을 수도 있어요.

공짜 나무를 기르자!

식물을 보호하고 탄소를 잡아 두는 방법은 나무에서 저절로 자라지 않아요. 아니, 나무에서 자라는 거 같네요.

지구 계량기

온실가스 배출량을 줄여야 하지만, 완전히 '0'으로 만들어야 하는 건 아니에요. 대신 '순 제로'를 목표로 할 필요가 있어요. 순 제로란 대기 **속으로** 배출된 이산화탄소와 대기 **밖으로** 나온 이산화탄소의 양이 같아서 효과가 없어지는 걸 말해요. 그러면 우리는 어떻게 볼 수도 만질 수도 없는 온실가스를 잡아 둘 수 있을까요? 2015년 파리 기후 협약에서는 '흡수원에 의한 제거'에 관해 이야기했어요. 여기서 말하는 흡수원이란, 큰 바다와 호수, 연못처럼 원래 자연 상태에서 공기 중 이산화탄소를 흡수하는 것을 말해요. 세계에 있는 숲도 여기에 해당해요. 모든 식물이 그러하듯 나무는 공기 중 이산화탄소를 모아 줄기와 뿌리, 잎사귀 안에 가둔 후, 나중에 양식으로 써요. 때로는 수천 년 동안 말이에요. 그러면 나무를 많이 심으면 기후 위기를 해결할 수 있을까요?

과학자들이 계산해 보니 지구에 약 **10억** 헥타르의 숲을 더 만들 수 있다는 결론이 나왔어요. 이 숲에 5000억 그루의 나무를 심어서 완전히 자라면 2000억 톤 이상의 탄소를 추가로 저장할 수 있고, 그러면 대기 중 이산화탄소가 약 25 퍼센트 줄어들 거예요.

모든 나무는 지구에 도움이 돼요. 아마존 열대 우림에 있든 학교 운동장에 있든 상관없어요. 정원사가 되겠다는 마음으로 다 자란 나무를 꺾꽂이로 번식시키는 방법을 배우면, 우리 모두 나무를 공짜로 심어서 서로의 탄소 배출량에 균형을 맞출 수 있어요.

나무의 번식력을 높이는 방법을 따라 해 보세요!

1. 대대로 그 땅에 사는 토착 낙엽수(또는 덩굴성 식물이나 관목)를 찾아요. 나무 주인에게 꺾꽂이용으로 가지를 하나만 자르게 해 달라고 허락을 구해요.

2. 나무가 잎을 다 떨어뜨릴 때까지, 아니면 새로운 잎이 올라오기 전까지 기다려요.

3. 최근에 자라난 가지 하나를 골라요. 나머지 가지보다 더 부드럽거나 색이 다를 거예요. 그 부드러운 가지의 끝부분을 잘라내요.

4. 가지를 수업 시간에 쓰는 자보다 약간 짧게, 새순 바로 위에서 잘라요.

5. 잘라낸 끝부분을 뿌리를 나게 하는 가루 속에 꽂아요. 이 가루 안에는 뿌리를 자라나게 하는 영양소가 들어 있어요!

6. 비바람이 들이치지 않는 장소(또는 화분)를 골라요. 흙에 약간의 퇴비를 섞어서 여러분의 가지가 첫 출발을 잘하도록 도와주세요.

7. 가지의 2/3 정도가 표면 아래로 들어가도록 땅이나 화분에 심어요.

8. 가지를 가만히 내버려 둬요. 여름에는 빗물을 받아서 부어 주세요. 1년 동안 많은 일이 일어나지 않을 수도 있어요. 모든 일은 땅속에서 알아서 진행되거든요.

재활용은 이제 그만

재활용이 마지막 수단이 아니라면 말이에요! 일단 사용을 줄이고 나서, 그다음 재사용하는 데 집중해요.

많은 사람이 줄이고 재사용하고 재활용하라는 말을 들어봤을 테지만, 항상 주목받는 건 마지막에 있는 재활용이에요. 재활용은 그걸 상징하는 로고까지 있을 정도예요. 1980년대 이후로 재활용은 가득 찬 쓰레기 매립지에서부터 플라스틱 오염에 이르기까지 온갖 문제의 해법으로 인식되었어요. 하지만 재활용의 현실은 그 빛나는 이름에 미치지 못해요. 재활용 함에 뭔가를 휙 하고 집어넣는 행동은 생각만큼 그렇게 친환경과 가깝지 않아요.

플라스틱이 아주 좋은 사례예요. 플라스틱은 주요 오염원이기만 한 게 아니에요. 탄소 발자국도 엄청나게 크죠. 플라스틱을 만들어 다시 제품을 만들고 상점까지 수송하는 데 많은 에너지가 들어가요. 지금은 이 에너지 대부분이 화석 연료를 연소하고 대기로 온실가스를 배출하는 과정에서 나와요. 그리고 대부분의 플라스틱은 화석 연료(석유)로 만들어지기도 한답니다.

하지만 플라스틱은 그 어느 때보다 인기가 많아요. 2015년 전 세계에서 플라스틱 3억 2200만 톤이 생산되었고, 같은 해에 플라스틱 때문에 나온 이산화탄소는 약 18억 톤에 달했어요. 일본 전체에서 배출한 이산화탄소 양보다 많았죠. 플라스틱의 수요는 워낙 빨리 늘어나서 2050년이면 전 세계 탄소 배출량의 15퍼센트를 차지할 거예요. 이는 비행기 이동에서 나오는 양보다 더 높은 비중이에요!

플라스틱 재활용은 환경 보호에 조금밖에 도움이 안 돼요. 일단 사용했던 플라스틱을 수집, 이동, 분류, 세척하고 재활용하는 과정 모두가 에너지와 여러 자원을 먹어 치워요. 하지만 대부분의 플라스틱은 이 정도에도 못 미치죠. 플라스틱 가운데 재활용이 가능한 종류(또는 재활용하는 게 돈이 되는 종류)는 일부에 불과해요. 보통은 그냥 처음부터 새 플라스틱을 만드는 게 더 싸고 쉽다 보니, 플라스틱의 90퍼센트 이상이 재활용되지 못해요. 재활용 함에 들어가 있더라도 말이죠.

유럽 연합의 플라스틱 폐기물은 실제로 어떻게 처리될까요?

39퍼센트 태워 없애 버림
31퍼센트 매립지로 이동
30퍼센트 재활용

지금은 유럽 연합에서 재활용을 위해 수집된 플라스틱의 절반이 유럽 연합 밖에 있는 나라로 보내져서 거기에서 가공돼요. 국민들은 환경을 위해 여행을 자제하는데 정작 쓰레기는 머나먼 곳으로 여행을 가다니, 이게 무슨 일일까요?

재활용으로 문제를 해결할 수 없다면 어떻게 해야 할까요? 한 번 쓰고 버리는 일회용 플라스틱 병이나 비닐봉지, 빨대를 집어 들면서 재활용할 거니 괜찮다고 정당화하지 않아야 해요. 그 대신 다른 두 단계, 즉 줄이고 재사용하는 데 초점을 맞춰야 해요. 줄이는 게 가장 우선인 데는 이유가 있어요. 물건을 적게 사는 것(62쪽을 보세요)이 기후 변화 그리고 플라스틱 오염을 한 번에 해결하는 **최고**의 방법이에요. 플라스틱으로 된 뭔가를 **정말로** 사야 한다면, 재사용 가능한지 확인하세요. 아니면 중고 물건을 사세요. 그러면 재사용하는 사람이 여러분이 되는 거죠.

전문 용어 완벽하게 익히기

기후 변화의 배경이 되는 과학을 이해하는 것은 해결책을 찾는 열쇠예요. 줄임말을 풀고 기후 변화 용어를 해독하는 방법을 배우면, 여러분은 언제나 과학을 여러분의 편으로 만들 수 있어요.

지구 계량기

산성화

바다는 대기에서 이산화탄소를 흡수해요. 그러면 대기가 균형을 유지하는 데 도움이 될 수는 있지만, 바닷물 속 산성의 세기가 커져서 야생 생물에게는 안 좋아요.

탄소 포집

대기에서 탄소를 뺏어서 저장하는 것을 모두 말해요. 탄소 흡수원은 이 일을 자연스럽게 하지만(65쪽을 보세요), 사람들은 이 과정의 속도를 높일 방법을 발명하려고 노력 중이에요. 다른 말로 탄소 격리라고 부르기도 해요.

이산화탄소(CO_2)

식물이 양분을 만들 때 필요한, 지구 대기 중 기체를 말해요. 식물이나 화석 연료를 태울 때 나오기도 하죠. 인간이 만들어 내는 주요 온실가스예요.

탄소 발자국

어떤 물건(또는 사람)이 온실가스를 내뿜어 환경에 미치는 영향의 정도예요.

탄소 중립

어떤 활동이 일으킨 온실가스의 양과 다른 활동으로 포집한 온실가스의 양이 같은 때를 말해요.

탄소 상쇄

온실가스를 내보내는 행동을 바로잡아 되돌리기 위해, 온실가스를 포집하거나 줄이는 행동(나무 심기 등)을 하는 거예요.

기후

오랜 시간에 걸쳐 한 지역에서 일반적으로 나타나는 날씨 조건의 꾸준한 특징이에요. 예를 들어, 평균 기온이나 평균 강수량, 계절 또는 1년 중 화창한 날이 평균 며칠인지 등이에요.

기후 변화

세계 또는 어떤 지역에서 기후의 상태가 바뀌는 거예요.

삼림 파괴

숲이었던 곳에서 나무가 완전히 잘려 나간 상태를 말해요.

배출량

대기로 나온 온실가스의 양이에요.

CO_2e

우리가 배출량을 계산할 때는 여섯 가지 주요 온실가스의 서로 다른 조합으로 측정해요. 하지만 모든 배출량은 일반적으로 CO_2e, 즉 '이산화탄소 환산톤'이라는 단위로 재요. 이 단위는 온실가스가 혼합된 상태로 같은 양의 환경 피해를 유발하려면 어느 정도의 이산화탄소가 필요한지 알려 주는 거예요.

화석 연료

수백만 년에 걸쳐 식물과 동물을 재료로 만들어진 석탄, 석유, 천연가스를 말해요. 이 속에는 많은 에너지가 저장되어 있어서 불에 태우면 유용한 연료로 쓸 수 있어요. 하지만 그 과정에서 온실가스인 이산화탄소가 나오지요.

지구 온난화

오랜 시간 동안 지구의 평균 기온이 꾸준히 오르는 현상이에요. 과학자들은 지구 온난화가 인간의 활동에서 나온 온실가스 때문이라고 거의 확신해요.

지구 평균 기온

지구 표면의 평균 온도예요. 오랜 시간에 걸쳐 전 세계에서 측정한 수천 개 기온 수치를 모아 평균값을 내요.

온실가스

열을 가두고 지구의 표면을 따뜻하게 만드는, 이산화탄소, 메탄, 아산화질소 등의 기체를 말해요.

온실 효과

지구를 따뜻하게 한 햇빛이 다시 우주로 빠져나가지 못하도록, 대기 중 수증기, 이산화탄소, 오존 따위가 이 중 일부를 가둬둠으로써 대기의 온도를 높이는 작용이에요.

재생 에너지

빠르게 보충할 수 있거나 절대 마르지 않는 에너지원에서 만들어진 전기 또는 열(나무와 바이오가스, 조력, 지력, 태양력, 풍력)이에요.

해수면

바닷물의 표면을 말하며, 해발 고도를 측정하는 기준이에요. 해수면은 나라마다 기준이 되는, 수준점을 통해 측정해요.

날씨

기온, 공기 중 습도, 구름의 양, 강수량과 풍속 등, 어떤 특정 시간에 특정 장소에 나타난 대기의 상태예요.

옷을 오래오래 입기

티셔츠와 123킬로미터 거리의 자동차 여행에는 어떤 공통점이 있을까요?

둘 다 이산화탄소를 15킬로그램이나 배출한다는 거예요. 티셔츠의 경우 50번 입는다고 가정했을 때, 탄소 발자국의 절반 이상이 세탁, 건조, 다림질에 사용되는 에너지 때문이에요. 다시 말해, 여러분이 옷을 세탁하고 다림질하는 횟수를 줄이면 탄소 발자국을 줄일 수 있어요. 하지만 옷을 적게 사고 이미 가지고 있는 옷을 최대한 오래 입으면, 훨씬 많은 탄소 발자국을 줄일 수 있어요.

보통 우리는 옷 한 벌을 2년 2개월 동안 입어요. 옷을 버리는 가장 흔한 이유는 몸에 맞지 않거나, 해졌는데 수선할 수 없어서, 아니면 수선하지 않기로 했기 때문이에요. 하지만 간단한 해결책이 있답니다.

얼룩 없애기

토마토, 머스터드소스나 풀 얼룩 같은 보기 싫은 자국이 옷에 생기면, 얼룩이 있는 부분을 식초에 적셨다가 세탁하면 돼요. 그래도 잘 지워지지 않으면 식초와 탄산수소나트륨을 질척하게 섞어서 낡은 칫솔에 묻혀 얼룩에 문지른 다음 세탁해요. 여전히 얼룩이 남았다면 얼룩 모양에 맞는 천 조각을 찾아서 바느질로 꿰매거나 풀로 붙여요.

구멍 메우기

옷 중간이 찢어지거나 구멍이 생기면 천 조각을 안쪽에 대고 바깥에서 봤을 때 수선 부위가 튼튼해지도록 바느질해요. 비슷한 색실이 없다고요? 문제없어요! 수선을 핑계로 알록달록한 디자인을 더해서 여러분만의 맞춤복을 만들 수 있으니까요.

지퍼 고치기

지퍼가 꽉 끼어서 움직이지 않으면 지퍼 날을 따라 연필로 문질러서 느슨하게 만들어요. 그래도 움직이지 않으면 덩어리 비누나 스틱형 립밤으로 똑같이 해 보세요. 지퍼 날 중 하나가 찌그러졌을 때는 펜치(30쪽을 보세요)를 가지고 날을 다시 원위치로 구부려요. 지퍼 머리가 없어졌을 때는 클립이나 앙증맞은 열쇠고리 같은 다른 것으로 바꿔 봐요.

식단 바꾸기

지구 온난화를 막으려면 고기를 적게 먹어야 해요. 다행히도 이건 실천하기 쉬운 일인 데다, 여러분을 더 건강하고 부유하게 만들어 줄 거예요.

지구 계량기

가축(식용으로 사육하는 동물)은 땅과 작물, 물을 먹어 치울 뿐만 아니라 탄소 발자국이 어마어마하게 커요. 여러분이 좋아하는 식품 100그램이 집까지 오는 과정에서 나오는 온실가스 배출량을 비교해 보세요.

쇠고기	50 KG CO_2E
양고기	20 KG CO_2E
치즈	11 KG CO_2E
돼지고기	7.6 KG CO_2E
양식 생선	6 KG CO_2E
닭고기	5.7 KG CO_2E
초콜릿	4.6 KG CO_2E
달걀	4.2 KG CO_2E
우유 1리터	3.2 KG CO_2E
곡물	2.7 KG CO_2E
콩류	0.8 KG CO_2E
뿌리채소	0.4 KG CO_2E
설탕	0.32 KG CO_2E

많은 사람이 고기를 좋아하고, 실제로 온갖 종류의 요리에 고기가 들어가요. 인간에게는 고기에 있는 단백질이 필요하다고 주장하는 사람도 있죠. 하지만 고기에 들어 있는 모든 것을 생선과 달걀, 식물성 성분(콩, 렌틸콩, 완두, 대두, 견과)에서도 얻을 수 있어요. 결국 우리가 먹는 동물 대부분도 식물을 먹어서 자기 몸을 만들어 내잖아요.

우리 몸은 콩 단백질과 쇠고기 단백질을 차별하지 않아요.
하지만 쇠고기를 만들려면 20배 많은 땅이 필요하고,
20배 많은 온실가스가 나온답니다.

이 이야기에서는 소가 진짜 악당이에요. 전 세계 농경지의 거의 60퍼센트가 식용 소를 키우고 먹이는 데 사용되지만, 이 쇠고기가 우리가 먹는 음식에 제공하는 에너지는 겨우 2퍼센트뿐이에요. 세계 인구가 계속 늘어나고 있으니, 인간이 먹을 작물을 재배하기 위한 땅은 절대적으로 부족할 수 밖에 없어요.

어떤 과학자들이 열심히 계산해 본 결과, 지구를 구하려면 주로 식물을 먹는, 유연한 식습관을 가지는 게 좋다고 해요. 육류, 유제품, 생선은 조금만 먹고 주로 채식을 해야 한다는 거죠. 이건 우리가 학교에서 배운 것과는 아주 다른 내용이에요.

어떤 나라에서는 유연한 식습관을 가진다는 게 끼니때 고기를 **더 많이** 먹어서 모든 사람이 건강한 식단에 공정하게 다가가도록 한다는 의미일 수도 있어요. 그런데 고기를 세계 평균의 **3배**나 먹는 미국 같은 나라에서는 유연한 식습관이란 분명히 육식을 줄인다는 의미예요.

채식 위주로 유연한 식습관을 유지하는 가장 좋은 방법

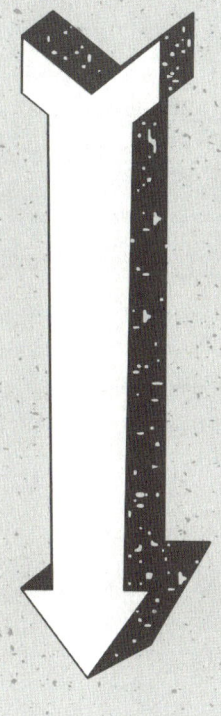

5. 처음에는 한 주에 하루만 고기를 끊어요.

4. 다른 날에는 식사 중에 먹는 고기 일부를 콩이나 곡물, 채소로 바꿔 먹어요. 예를 들어, 렌틸콩과 고기를 섞어서 햄버거를 만들어 볼 수도 있겠죠.

3. 붉은 고기를 완전히 끊어 보세요.

2. 채식 음식 만드는 법을 배워요.

1. 동물성 식품을 전혀 먹지 않는 채식주의자가 되면 기후 변화에 주는 영향을 크게 줄일 수 있어요. 다만 채식주의자가 필요한 단백질을 모두 섭취하려면, 식단 계획에 신경을 써야 하겠죠.

티라노사우루스에게서 배우기

공룡 뼈 발굴은 역사 마니아만을 위한 일이 아니에요. 과거에 관해 공부하면 지구상에 사는 생명체의 현재와 미래에 관해 많은 것을 알 수 있어요.

지구 계량기

선사 시대의 화석은 박물관으로 사람을 모으는 데만 능한 게 아니에요. 과거 지구에서 살았던 생명체에 관해 전부 알려 줍니다. 심지어 누가 이빨이 제일 많았는가 하는 것도요. 화석을 보면, 다양한 유형의 식물과 동물이 언제 살았고 언제 멸종했는지 알아낼 수 있어요. 화석에 새겨진 기록에 따르면, 지구 역사에는 지금까지 다섯 번의 거대한 멸종 사건이 있었어요. 지구에 있는 대부분의 동식물이 사라진 이상한 시기였죠. 이와 같은 대량 멸종 사건은 모두 환경에 평소와 다른 변화가 일어났을 때 일어났어요. 이는 우리가 기후 변화를 진지하게 여겨야 하는 중요한 단서죠.

가장 유명한 멸종 사건은 공룡이 사라진 사건이었어요. 그 원인은 산처럼 큰 운석이 지구에 쿵 하고 떨어지면서 대기가 뜨겁게 끓어오른 암석과 가스로 가득 찼거나, 거대한 화산 폭발이 일어나서 이산화탄소가 대기를 가득 메웠거나, 아니면 둘 다일 것으로 미루어 생각해요! 그런데 이 사건보다 더 심각한 멸종 사건도 있었어요. 약 2억 5000만 년 전 페름기가 끝날 무렵, 당시 지구상에 있던 모든 동식물 종의 90퍼센트 이상이 완전히 사라져 버렸거든요.

이런 엄청난 멸종의 원인이 무엇인지를 밝히는 건 쉬운 일이 아니에요(페름기의 공룡들은 일기를 진짜 못 썼거든요). 하지만 모든 상황을 종합해 보면, (거대한 화산과 메탄을 뿜어내는 박테리아 때문에) 온실가스가 큰 폭으로 늘어나서 갑자기 지구 온난화가 일어났기 때문인 것 같아요.

과학자들은 오늘날 **인간**이 영향을 미친 지구 온난화가 여섯 번째 대량 멸종을 일으킬 수 있다는 근거를 찾아냈어요. 동식물 종이 정상 속도보다 100배 더 빨리 사라지고 있고, 앞으로 몇 년 동안 100만 종이 멸종 위기에 놓일 것으로 보여요. 물론 지구상 생명체는 과거 멸종 사건 이후 새롭게 **등장했지만** 그러려면 수백만 년의 시간이 걸리고, 앞으로 이 세상은 아주 다른 모습이 될 거예요. 지금 살아 있는 모든 종 역시 멸종만은 피하고 싶지 않을까요? 티라노사우루스만 봐도 알 수 있잖아요!

퇴비 더미에 쉬하기

정원이 야생성을 되찾는 동안, 세상에서 제일 오래된 천연 비료를 만들 수 있어요!

많은 농부와 텃밭 지기들이 사용하는 비료는 질소, 인산염, 칼륨처럼, 식물에 필요한 영양 성분을 모아 놓은 거예요. 이 모든 화학 성분들은 우리 오줌 안에도 녹아 있답니다(음식을 먹으면 우리의 몸은 필요한 것만 흡수하고 나머지는 오줌이나 똥으로 나와요). 네팔 과학자들은 오줌이 가게에서 산 비료만큼 작물을 키우는 데 도움이 되는지 알아보기 위해 실험했고, 확실히 **그렇다**는 결과를 얻었어요.

보통 성인은 매일 0.8~1.5리터의 오줌을 눠요.
1년이 지나면 300~400제곱미터의 작물에
비료를 주고도 남을 만큼의 양이 모이죠!

파프리카에 퇴비와 인간의 오줌을 비료로 줬더니, 일반 비료를 사용한 것보다 키가 더 커졌고 열매도 더 많이 열렸어요. 양배추, 토마토, 오이, 호박으로도 비슷한 실험을 해 봤는데, 오줌을 비료로 준 채소 모두 안전하게 먹을 수 있었어요. (양배추는 냄새도 정상이었답니다. 후유!)

여러분의 정원에서 이 방법을 시도해 보고 싶으면, 세 가지 간단한 규칙을 따르기만 하면 돼요.

1. 소변을 식용 식물에 사용하기 전에 위생 처리를 하세요. 보통은 한 달 동안 밀폐 용기에 저장해 두면 돼요. 관리가 영 힘들면 먹지 않을 식물에만 조금씩 뿌려 주세요.

2. 네팔 과학자들은 소변을 퇴비와 섞었을 때 가장 효과가 좋다는 사실을 알아냈어요. 내셔널 트러스트(National Trust)라고 하는 영국의 한 단체가 바로 이렇게 하고 있어요. 그러니까 여러분은 가끔 퇴비 더미에다 바로 오줌을 싸는 게 좋아요.

3. 오줌을 화단에 사용하고 싶으면 먼저 물로 희석해요. 아주 묽게 희석한 오줌은 일주일에 두 번까지 식물에 주는 물로 사용할 수 있어요. 단, 식물에 닿지 않게 흙에다 가만히 부어 주세요. 오줌은 알칼리성이 강하고 염분이 있어서 식물에 피해를 줄 수 있거든요. 아니면 식물을 **심기 전**에 희석하지 않은 오줌을 흙에다 섞어 주세요.

플러그 뽑기

모든 사람이 화면 속 세상에 끌리지만, 플러그를 꽂은 채로 생활하는 건 진짜 세상에는 별로 좋지 않아요.

지구 계량기

과학 연구에 따르면, 화면을 바라보는 건 우리에게 그렇게 나쁘진 않대요. 영국 옥스퍼드 대학교와 카디프 대학교의 과학자들이 연구해 보니, 하루에 한두 시간 정도 컴퓨터, 비디오 게임이나 스마트 폰을 이용하는 건 심지어 십 대의 정신 건강에 좋을 수도 있다는 거예요. 충전되는 듯한 기분과 우리가 뭔가를 잘한다고 느끼게 해 주니까요. 많은 게임 속에는 창의적인 문제 해결력과 다른 사람과의 관계 맺기가 포함되어 있어요. 하지만 게임에는 장점뿐만 아니라 단점도 있어요. 게임은 수십만 명이 매일 한두 시간보다 훨씬 많은 시간 동안 플러그를 꽂고 있도록 부추기니까요.

일반적인 8.8기가바이트 용량의 게임은 사이트를 통해
내려받는지 아니면 디스크 형태로 구입하는지에 따라서
탄소 발자국이 20.8~27.5킬로그램 CO_2e로 차이가 나요.
이 배출량의 대부분(19.5킬로그램 CO_2e)은
게임을 하는 동안 사용하는 에너지 때문이랍니다.

하루에 한 시간 게임을 하는 대신 친환경적인 놀이로 바꾸면 여러분의 탄소 발자국에 의미 있는 변화가 일어날 수 있어요. 게임을 하지 않는 한 시간 동안 할 수 있는 다섯 가지 놀이를 살펴보아요.

1. 디지털 블록이 있어야만 새로운 세계를 만들 수 있는 건 아니에요. 글이나 그림으로 상상력을 펼치세요.

2. 영화와 게임은 인물을 통해서 사람들을 몰입하게 만들어요. 독서를 통해 같은 감정을 느껴 보세요.

3. 새로운 기술을 완벽하게 사용할 수 있을 때, 우리는 비교할 수 없는 뿌듯함을 느껴요. 스포츠, 악기, 아니면 그림 그리기처럼 숙달하려면 시간이 필요한 무언가를 배워 보세요. 하루 한 시간만 노력하면 1년 안에 최고의 경지에 이를 수 있어요!

4. 작은 실내 정원을 만들거나 더 큰 야외 공간에서 야생성을 살리는 활동(36쪽을 보세요)에 도전해요.

5. 친구와 가족을 모아 놓고 매주 다른 보드게임이나 카드놀이, 낱말게임을 해요.

패션 규칙 무시하기

이상한 말 같지만, 패션은 여러분에게 유행에 뒤진다는 생각이 들게 할 뿐이에요. 남들이 말하는 패션 규칙을 무시하면 지구를 살릴 수 있어요.

지구 계량기

패션 전문가들은 계획된 노후화(27쪽을 보세요)의 달인이에요. 6개월에 한 번(또는 그보다 자주) 새로운 옷 디자인을 내놓기 때문에 예전 디자인은 금방 유행이 지나가요. 따라서 새로운 옷을 사지 않으면 유행에 뒤진다는 생각이 들지요. '패스트 패션'은 우리가 정말 필요하지도 않은 옷에 엄청나게 많은 돈을 쓰게 만드는 천재적인 방법이에요.

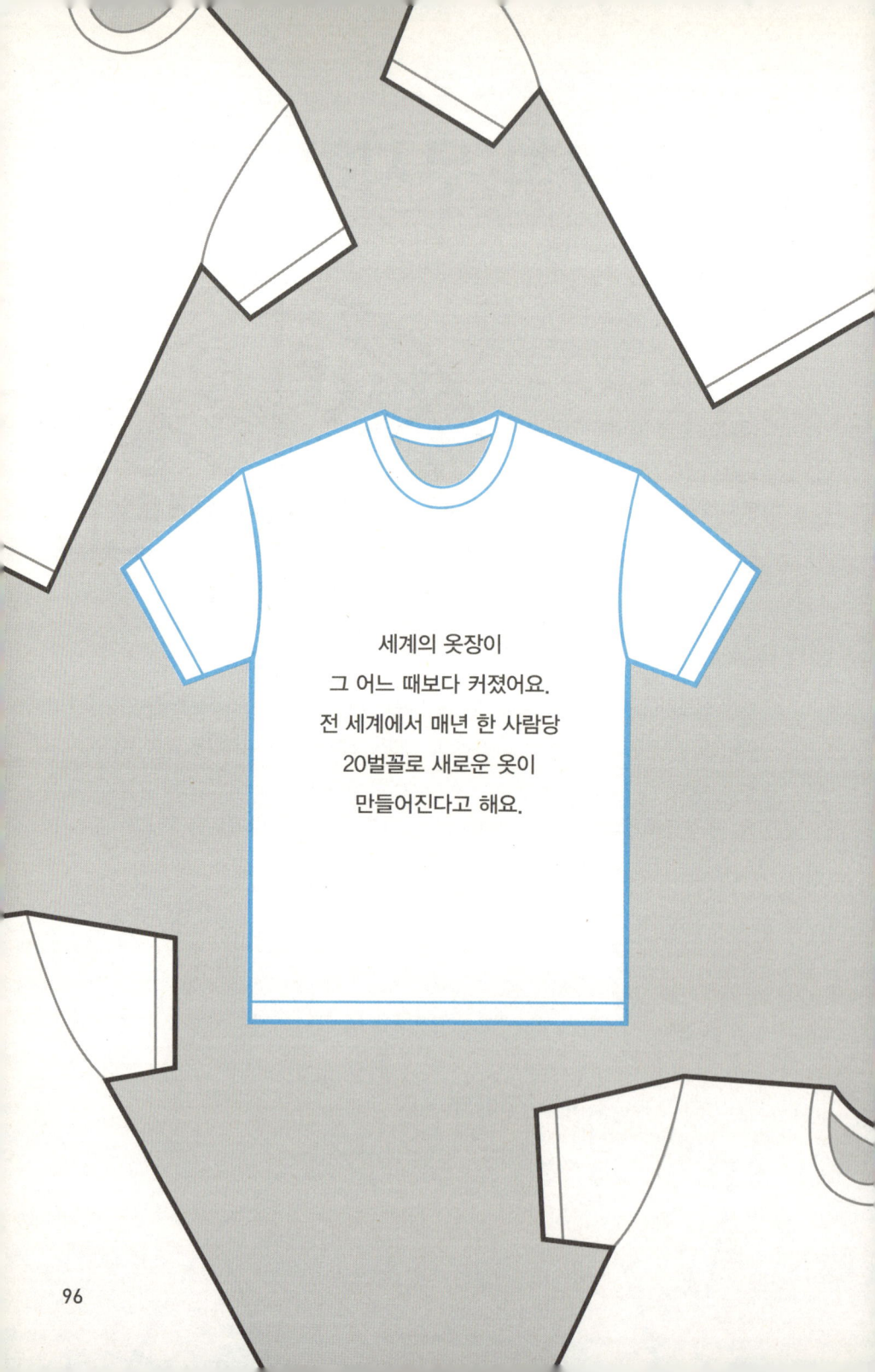

세계의 옷장이
그 어느 때보다 커졌어요.
전 세계에서 매년 한 사람당
20벌꼴로 새로운 옷이
만들어진다고 해요.

안타깝게도 패스트 패션은 지구에 충격적인 대가를 요구해요. 직물 생산은 세계에서 오염을 가장 많이 일으키는 산업 중 하나라서, 매년 탄소 발자국이 12억 톤에 달해요. 이 직물 중에서 60퍼센트 이상이 옷으로 만들어져요. 여러분이 입고 있는 옷의 라벨을 살펴보면 많은 수가 중국과 인도에서 만들어진 걸 알 수 있어요. 두 나라에선 많은 양의 전기가 아직도 석탄을 태우는 발전소에서 만들어져요. 그래서 옷이 만드는 온실가스의 양이 세계 **전체** 온실가스 배출량의 5퍼센트였다가 지금은 10퍼센트로 늘어났어요.

우리가 패스트 패션을 유행에 뒤떨어진 것으로 만들면 좋아하는 브랜드에서 태도를 바꿀 수 있어요. 일단 여러분은 오래된 옷을 그냥 버리지 않는 일부터 시작하세요. 벼룩시장에 팔거나 다른 가족에게 주거나, 아니면 나눔 가게에 기부하세요. 그리고 새 옷을 사는 대신, 과거에 사랑받았던 스타일의 옷이 주위에 있는지 찾아보세요.

누군가에게 사랑받았던 옷을 사는 세 가지 방법

1. 온라인 시장이나 중고 옷 관련 앱을 이용하여 옷 팔고 사기에 도전해 보세요. 브랜드, 색깔, 크기, 스타일 별로 쉽게 검색할 수 있어요.

2. 학교에서 더는 좋아하지 않거나 맞지 않는 옷을 나만의 새로운 무언가로 바꾸는 옷 교환 파티나 행사를 열어요.

3. 지역 중고 가게를 방문하세요. 중고 가게는 항상 기부를 받으니 가끔 들러서 잠깐씩 둘러보세요. 옷에 약간 수선이 필요하다고 해서 그냥 물러서지 말아요. 78쪽을 보면 옷 수선 방법이 나온답니다.

학교에 숙제 내기

학교는 문제의
일부지만, 해결책의
일부가 될 수도 있어요.

오스트레일리아청년기후동맹(Australian Youth Climate Coalition)은 학교 지붕에 태양광 발전 시설을 설치하여 청정에너지로 전력 공급을 바꾸라고 학교 측에 요구하고 있어요. 이렇게 할 경우 자동차 2만 4,500대를 없애는 만큼의 온실가스 배출량을 줄일 수 있대요! 모든 학교가 재생 에너지를 직접 사용할 정도로 햇빛이 잘 들거나, 태양광 패널을 설치할 만한 경제적 능력이 있는 건 아니지만, 지구 온난화를 위해 행동할 수는 있어요. 여러분의 학교에 환경 모임을 만들고(여기에는 학생뿐만 아니라 교직원과 운영 위원이 들어갈 수도 있어요), 다음 아이디어 중에서 어떤 것이 쓸 만할지 생각해 보세요.

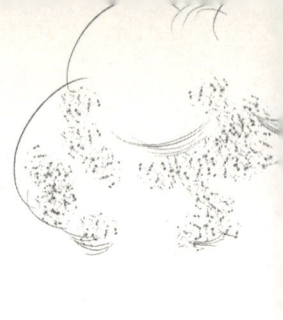

 **영국에서 배출되는 전체 온실가스 중에서 학교는 2퍼센트의 책임이 있어요!**

1. **캠페인을 시작해요.** 학생과 교직원이 함께 환경친화적인 학교가 될 한두 가지 방법을 정한 후, 모든 사람이 이 행동에 참여하도록 캠페인을 시작해요. 전등과 컴퓨터 스위치 끄기, 종이 적게 사용하기, 점심시간에 고기가 들어가지 않은 식단 선택하기 등이 가능해요.

2. **기후 변화에 대해 배우고 싶다고 요청해요.** 어떤 학교는 이미 수업 시간에 기후 변화에 관해 가르치고 있고, 어떤 이들은 모든 학교에 보낼 기후 변화 교사를 양성하는 계획을 세우고 있어요. 여러분이 많이 요청할수록 선생님과 학교 운영자들이 이런 계획을 받아들일 가능성이 커져요.

3. **단체 여행은 가까운 곳으로 가요.** 어딘가를 방문할 때 대형 버스를 타고 가기보다는 걷거나 기차를 타세요. 하루 동안 가까운 숲에 은신처를 만들거나 우주 비행사와 화상 대화를 나누는 건 어쩌면 멀리 떨어진 박물관에 다녀오는 것보다 더 기억에 남을지 몰라요. 아니면 아예 강연자를 학교로 초대하면 여럿이 이동하는 것보다 환경에 훨씬 이로울 수 있어요.

✱ **4. 식단에서 아예 붉은 고기를 없애요.** 처음에는 월요일을 고기를 먹지 않는 날로 정하는 정도로 가볍게 시작해 보세요. 아니면 아예 학교 측에 급식 시간에 쇠고기를 먹지 말자고 요청해요. 케임브리지 대학교 내 식당에서는 이미 쇠고기와 양고기 제공을 중단했어요. 80쪽을 보면 어째서 이게 좋은 생각인지 알 수 있어요. 또, 인터넷에서 '채식 동물권'을 검색하면 관련 정보를 얻을 수 있어요.

※ **5. 일회용 플라스틱을 사용하지 마세요.** 68쪽을 보면 어째서 플라스틱이 재활용만으로는 충분하지 않은지 알 수 있어요. 학교에서 플라스틱 사용을 제일 많이 줄이려면 어떤 게 필요할지 생각해 봐요. 모든 학급에 일주일 동안 버린 모든 쓰레기를 모아 달라고 부탁해요. 각종 문구와 음료수 컵 같은 일회용 플라스틱을 중심으로 쓰레기를 살펴보고, 줄일 방법을 고민해 봐요.

투시 안경 쓰고 보기

투시 안경을 쓰면 알록달록 포장지에 적힌 내용과 홍보용 전문 용어를 꿰뚫어 볼 수 있어요.

믿기 힘들겠지만, 우리가 먹는 식품은 전 세계 온실가스 배출량의 약 **1/3**을 차지해요. 하지만 모든 식품이 똑같이 책임을 져야 하는 건 아니에요. 가공을 아주 많이 한 식품이 주요 범인이랍니다. 이런 식품은 여러 작업 단계를 숱하게 거치고, 매 단계에서 에너지를 소모하면서 만들어지거든요. 이런 과정들은 식품을 더 오래 보존하거나 다른 맛을 내려고 때로는 소금, 기름, 설탕 같은 것들을 추가해서 원재료를 바꿔 놓아요.

가공을 많이 한 식품의 탄소 발자국을 눈으로 확인하기는 어려워요. 대부분의 배출량은 우리가 그 식품을 입에 넣기 훨씬 전에 발생하거든요. 하지만 식품 포장지에 적힌 정보를 보면 어떤 식품이나 음료가 지구에 특히 나쁜지 아닌지를 확인하기 위한 단서를 얻을 수 있어요. 여러분이 그걸 일단 알아내면 알록달록한 포장을 꿰뚫어 볼 수 있는 **투시 안경**을 쓴 것과 비슷해지는 거예요.

지구에 해로운 가공 식품을 찾아내는 다섯 가지 단서

2. 팜유가 들어 있어요.

인간은 팜유를 만드는 기름야자 나무를 심기 위해 엄청나게 넓은 우림을 밀어내고 불에 태웠어요. 삼림 파괴는 인간이 만드는 이산화탄소 배출원 중에서 화석 연료 연소 다음으로 규모가 커요. 그리고 삼림이 파괴되면 대기에서 이산화탄소를 흡수할 나무가 줄어들게 되죠. 팜유는 슈퍼마켓에서 파는 제품의 절반가량에 들어 있는데, 수십 가지 다른 이름으로 표현돼요. 팜유가 들어 있다는 걸 알려 주는 다음 성분들을 찾아봐요. 팔미트산염, 글리세릴, 야자 핵, 팔메이트, 팔미트산, 팔미토일, 소듐커넬레이트, 라우릴황산나트륨, 스테아르산 등이에요.

3. 액상 과당이 들어 있어요.

이 과당은 옥수수를 가지고 많은 가공 과정과 에너지를 사용해서 만들어요. 탄산음료에서 저렴한 단맛을 낼 때 자주 사용하고, 아침 식사용 시리얼, 샐러드드레싱, 요구르트, 땅콩버터나 잼에도 들어 있어요. 여러분의 투시 안경을 이용해서 옥수수 시럽, 타피오카 시럽, 과당, 포도당-과당 시럽, 이소글루코오스를 찾아보세요. 다 같은 거랍니다.

1. 성분이 다섯 가지가 넘으면 이 식품은 가공이 아주 많이 이루어졌다는 의미일 수 있어요.

4. 대두가 들어 있어요.

대두는 가루와 기름, 방부제 등 온갖 방법으로 가공 식품의 60퍼센트에 들어가요. 또 가축 사료로도 사용되는데, 즉 우리가 고기와 유제품을 먹을 때 간접적으로 대두를 먹게 되는 거예요. 세계의 대두 가운데 거의 절반이 브라질과 아르헨티나에서 생산되는데, 대두를 키우느라 어마어마하게 넓은 숲과 초지를 밀어버렸답니다. 이렇게 되면 천연 탄소 흡수원이 사라질 뿐만 아니라 대기로 온실가스가 뿜어져 나오죠.

5. 갈색이어도 되는데 흰색이에요.

빵, 파스타, 비스킷, 케이크, 면, 크래커, 토르티야, 와플은 모두 밀, 옥수수, 쌀 같은 곡물로 만들어요. 씨앗의 모든 부분을 이용하는 통곡물로 만들 수도 있고, 씨앗의 일부를 제거하는 가공을 거친, 정제된 곡물로 만들 수도 있죠. 정제된 밀가루는 표백 과정을 거치기 때문에 흰색일 때가 많아요. 이렇게 만들려면 에너지와 자원이 더 많이 들어가고, 그러면 환경에도 더 큰 영향을 미치게 되죠. 가능하면 통곡물로 만든 식품(갈색 빵, 통밀 파스타, 현미)을 선택해요. 지구에도 여러분의 몸에도 더 좋답니다.

곤란한 질문 던지기

물건을 사는 일은 언제 지구에 이로울까요? 소비자가 가진 힘을 이용해서 변화를 요구할 때예요!

지구 계량기

기후 뉴스

과학 연구에 따르면, 겨우 100개의 기업이 전 세계 온실가스 배출량의 71퍼센트를 생산한다.

이런 신문 머리기사를 읽으면, 여러분이 큰 회사의 최고경영자가 되지 않는 이상 기후 위기에 관해 할 수 있는 일이 많지 않다는 느낌이 들기 쉬워요. 하지만 기억하세요, 모든 기업은 **우리**를 위해 물건을 만들어요. 우리가 이런 물건을 요구하지 않으면, 기업은 생산을 중단할 거예요. 그러니까 색다른 방식으로 요구해 봐요.

일단 뭔가를 살 때마다 질문하고, 그 대답을 근거로 선택하는 거예요. 이렇게 하면 기업은 고객이 원하는 걸 제공하기 위해 변해야 한다는 압력을 받아요. 예를 들어, 디지털 기기를 살 때 모든 사람이 그 기기가 대기 상태에서 전기를 얼마나 많이 소모하는지 물어본다면, 많은 회사가 전기 절약 스위치를 집어넣기 시작할 거예요.

재생 에너지를 이용해서 만들어졌나요?

수명이 얼마나 되나요?

원재료 공급이 윤리적이었나요?

고장 나면 수리하기 쉬운가요?

탄소 발자국이 얼마나 되죠?

물건이 더는 필요가 없을 때 어떻게 해야 하나요?

이 회사의 환경 정책에는 어떤 게 있나요?

다음 몇 가지는 자기 자신에게 물어보세요.

비상사태인 듯 행동하기

지금은 실제로 비상이니까요! 행동에 들어갈 때는 미래가 아니라 지금이에요. 다른 사람도 이런 식으로 사고하도록 설득할 수 있을까요?

지구 계량기

비상사태
즉시 행동에 들어가야 하는, 심각하고 예기치 못하거나 때로는 위험한 상황.

기후 변화에 대해 이야기하는 것처럼 들리나요? 하지만 지금 비상사태라는 듯이 행동하는 사람은 거의 없어요. 우리는 지구 온난화를 해결하기 위해 뭘 **해야 하는지** 알지만, 나중에 하자고 미뤄 버리기 쉬워요. 아마도 주위에서 이를 위해 아무 일도 하지 않거나, 자가용 **한 번** 타는 정도로는 별다른 차이가 없을 것 같아서겠죠.

문제는 **77억 명**이 다 똑같은 생각을 하고 있다는 거예요.

2019년 영국 하원의원들은 그레타 툰베리와 등교 파업 참가자 같은 젊은 기후 운동가에게서 영감을 받아서 세계 최초로 국가 기후 비상사태를 선언했어요. 이들은 영국 정부에 다른 비상사태에 대응하듯이 긴급하고 야심 찬 대책을 행하라고 요구했어요. 다른 지역과 광역, 중앙 정부들도 같은 방법을 따르고 있답니다.

여러분은 뭘 할 수 있을까요?

1. 여러분이 속한 지방, 광역, 중앙 정부가 공식적으로 기후 비상사태를 선언했는지 확인해 보세요. 만약 선언하지 않았으면 지역 국회의원에게 연락해서 왜 하지 않았는지 물어봐요(157쪽을 보세요).

2. 정치 지도자들이 기후 비상사태를 선언하도록 요구하는 서명 운동에 동참하거나 직접 시작해요.

3. 학교 운동장이나 복도에 이동식 책상을 놓고, 기후 비상사태 선언에 관한 정보를 최대한 많은 어른에게 알려요.

비상사태 선언이 실제로 어떤 차이를 만들어 낼 수 있을까요? 어쨌든 '비상사태'라는 건 낱말에 불과하고, 기후 변화를 해결하기 위한 방법을 제시하지는 않아요. 많은 사람이 그렇게 생각할 거라는 뜻이에요. 기후 비상사태 선언은 힘 있는 사람들에게 빨리 행동에 돌입하라고, 그리고 그 어떤 의논 주제보다 기후 실천을 가장 중요하게 여기라고 압력을 가하는 거예요. 언어는 강한 힘을 가져요. 사람들에게 '기후 변화' 대신 '기후 위기'라는 말이, '오염을 일으키는' 대신 '위험한'이라는 말이, 또 '녹색' 대신 '안전한'이라는 말이 들리면, 더 귀를 기울이고 긍정적으로 실천에 동참할 가능성이 커져요.

어쨌든 지금은 비상사태예요. 유엔은 기후 변화 관련 재난이 매주 일어나서 매년 피해액이 5200억 달러(약 615조 9400억 원)에 달한다고 밝혔어요. 그린란드에서는 지구 온난화 때문에 해빙이 녹으면서 주민들의 생활 방식이 바뀌고, 정신 건강에도 피해를 주고 있어요. 인도에서는 기온이 영상 50도 이상으로 치솟아서 가뭄이 발생하고, 마을 수만 개가 마실 물이 없는 상황에 놓이기도 해요. 기후 위기가 여러분 각자에게 영향을 미칠 때까지 기다리는 건 공정하지 않아요. 지구 온난화는 지구 차원의 원인이 있는 지구적 문제예요. 이를 해결하는 것이 **모든 사람**의 할 일 목록에서 제일 위에 있어야 해요.

배터리가
죽지 않게 하기

화성 탐사 로봇과 리모컨 헬리콥터, 그리고 여러분의 게임 점수 사이에는 어떤 관계가 있을까요?

모두 리튬 이온 배터리에서 동력을 얻는다는 거예요! 성능이 더 좋아진 배터리는 탄소 중립적인 미래에서 중요한 부분을 차지할 수 있어요. 이런 배터리는 이미 전기 자동차에서 사용되고 있지만, 언젠가는 거대한 배터리를 사용해서 풍력이나 태양 에너지 같은 재생 에너지로 만든 전기를 저장할 수도 있어요.

하지만 리튬 이온 배터리를 만들어 사용한 후 안전하게 폐기하려면 엄청나게 많은 에너지와 물, 여러 자원이 필요해요. 그래서 어떤 전기 차는 아직 휘발유나 디젤 자동차보다 온실가스를 더 많이 내보내요.

여러분에게는 아직 전기 자동차가 없겠지만, 장난감과 디지털 기기에 동력을 공급하는 작은 리튬 이온 배터리를 잘 관리하면, 쓰레기를 줄이고 기후 변화를 막는 데도 도움이 될 수 있어요.

훌륭한 배터리 주인이 되기 위한 최고의 방법

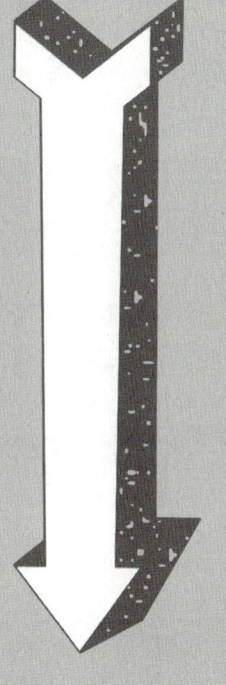

5. **배터리를 서늘하게 유지해요.** 배터리는 과열되면 손상이 돼서 금방 작동을 멈춰요. 따라서 기기의 온도를 30도 이하로 유지하세요. 해가 잘 드는 창틀이나 화창한 날 차 안처럼 뜨거운 곳에 두지 않도록 해요. 충전하기 전에는 껍데기를 벗기고 열이 쉽게 날아가는 곳에 놓아두세요(소파 틈새 같은 곳에 들어가지 않도록 해요). 그리고 고속 충전기는 한 번에 몇 초 정도만 사용해요(고속 충전기는 배터리 온도를 높여요).

4. **적당한 충전 양을 유지해요.** 리튬 이온 배터리를 100퍼센트까지 충전했다가 0퍼센트가 될 때까지 사용하면 수명이 훨씬 빨리 줄어요. 배터리 잔량이 적을 때는 더 열심히 일해야 하거든요. 조금씩 자주 충전해서 남은 배터리의 양을 항상 30~80퍼센트로 유지해요.

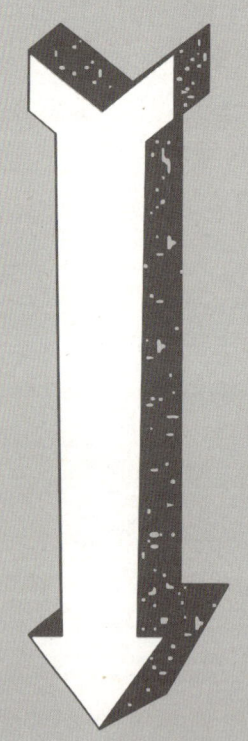

3. **부담을 적게 줘요.** 제품 안에 들어 있는 리튬 이온 배터리는 충전과 방전 사이클이 300~500회를 넘기면 수명이 끝나게 되어 있어요. 사용하지 않을 때는 모든 앱을 닫아서 아무것도 돌아가지 않게 하고, 신호가 안 잡힐 때는 와이파이를 꺼 놓으면 수명을 연장할 수 있어요.

2. **밤새 충전하지 않아요.** 전력 수요가 적은 밤에 배터리를 충전하는 것은 좋은 방법일 수 있어요. 하지만 완전히 충전된 뒤에도 계속 플러그를 꽂아두면 배터리가 손상될 수 있어요. 타이머 플러그가 있다면 한 시간 정도 있다가 충전이 중단되도록 설정해 두세요.

1. **기생충을 피해요.** 배터리를 충전하는 동안 기기를 사용하는 걸 '기생충 부하'라고 해요. 메시지를 확인하는 정도는 괜찮지만, 충전 중에 동영상 스트리밍이나 게임을 하는 건 배터리에 좋지 않아요. 충전 중에는 기기를 아예 끄도록 해 봐요.

전문가 초대하기

가까운 곳에 있는 기후 변화 전문가를 초대하면, 여러분이 기후 문제를 이해하고 새로운 방식으로 실천하는 데 영감을 얻을 수 있어요.

지구 계량기

여러분이 사는 지역에 전문가가 있는지 알아봐 달라고 누군가에게 부탁해 보세요. 선생님이나 부모님이 화상 통화나 실시간 채팅으로 전문가를 만날 수 있게 도와줄 수도 있어요. 다음은 연락해 볼 만한 사람에 대한 정보예요.

※ 대학에서 기후나 환경, 녹색 정책에 대해 연구하는 과학자

※ 기후 변화 관련 단체나 기업

※ 야생 동식물과 자연 보호 단체

※ 지역 공원 관리인

※ 지역 녹색 모임이나 수리 센터 대표

※ 기후 운동에 참여 중인 십 대 청소년

※ 그린피스 같은 단체에서 일하는 사람

※ 환경에서 영감을 얻는 예술가나 음악가

※ 기후 변화에 대한 글을 쓰는 언론인이나 작가

전문가가 학교에 방문했을 때 우리가 할 일 계획하기

✳ 학급 조회나 수업 시간에 강연해 달라고 부탁해요.

✳ 학교를 구경 시켜 주면서 여러분이 하는 일을 소개하고 아이디어를 구해요.

✳ 캠페인을 시작하거나 거들어 달라고 부탁해요.

✳ 학교 신문이나 학교 운영위원회에서 전문가를 인터뷰하게 해서, 이들의 조언을 다른 학생들과 나눠요.

✳ 팟캐스트를 녹음해서 학교 웹사이트를 통해 공유해요.

여러분이 전문가의 조언을 행동에 옮긴 뒤에는 꾸준히 새로운 상황을 알리고, 다른 사람들에게 따라 할 수 있도록 영감을 주세요.

자동차 멀리하기

자동차는 환경에 좋지 않아요. 여러분이 아직 운전을 못 하지만, 뭔가 도움이 될 방법이 없을까요?

지구 계량기

있어요! 한 달 정도 '이동 일기'를 적어 봐요. 여러분이 탔던 모든 자동차에 대한 이동 기록을 눈에 잘 보이게 표시해요. 등하교, 방과 후 활동, 친구를 만나거나 생일파티에 가는 이동 같은 것들 말이에요. 자동차 등하교를 대신할 방법은 150쪽에 나와 있지만, 아직은 잠시 책장을 넘기지 말고 다른 이동 때 탄소 발자국을 줄이는 방법에 대해서 알아봐요.

1. 일단 여러분이 걷거나 자전거, 킥보드로 이동할 수 있는, 단거리 이동에 관해 표시해요. 무엇 때문에 걸어가는 걸 포기했는지, 그리고 이런 장애물을 극복할 방법에는 어떤 것이 있는지 적어 봐요.

2. 편안하고 안전하다고 느낀다면, 여러분은 걸어 다니거나 바퀴의 힘을 더 자주 이용하게 될 거예요. 여러분의 자전거나 킥보드가 괜찮은 상태인지 점검해요. 자전거 가게나 수리 센터에 가서 확인해도 돼요. 날씨에 따라 입고 벗도록 여러 겹의 옷을 입고 헬멧을 쓰세요. 가는 곳까지 안전한 경로를 계획할 수 있게 도와주는 앱과 웹사이트를 찾아보세요.

3. 걷기나 킥보드, 자전거를 이용한다는 건 여러분이 이동에 더 많은 시간을 써야 한다는 의미일 수 있어요(항상 그런 건 아니지만요. 영국 주차 협회에 따르면 영국 운전자들은 주차 공간을 찾는데 1년에 91시간을 쓴대요). 도보로 시간이 더 많이 걸리는 이동을 계획할 때는 지도를 이용하고, 가는 길에 여러분이 차 안에 갇혀 있다면 보지 못할 공원이나 운동장, 새로운 동네를 탐험할 수 있는지 확인해요.

4. 시간이 더 걸리는 이동을 위해서는 저렴한 버스와 기차를 예약해요. 가족용 또는 어린이용 요금 할인을 받을 수 있는지 확인하세요. 돈이 **엄청나게** 절약될 수도 있어요. 예를 들어, 4~11세 사이의 영국 어린이 두 명은 인터레일 패스를 가진 성인 한 명과 함께 간다면 31개국을 **공짜**로 여행할 수 있어요. 한국의 경우, 만 6~12세 어린이가 KTX나 고속버스를 이용한다면 어른 운임의 **절반** 가격으로 여행이 가능해요. 만약 6세 이하 유아라면 어른 한 명과 함께 앉는 조건으로 공짜로 탈 수 있고요.

5. 자동차로 가야 하는 이동(단지 몇 킬로미터를 가야 하는 경우)에서는 가능하면 여러 명이 같이 타는 방법을 시도해 봐요. 절반만 탄 두 대의 자동차가 움직이는 것보다는 사람이 꽉 찬 한 대가 움직이는 게 더 낫잖아요. 여러분이 직접 카풀과 같은 자동차 공유법을 제안할 수도 있어요. 어쩌면 이번에 여행 친구를 사귈 수도 있겠네요.

내 표를 던지자

지방 선거나 전국 선거는 여러분에게 무엇이 중요한지를 이 세상에 알릴 수 있는 절호의 기회예요. 학교에서 모의 선거를 열어서 모두가 기후 문제에 관심을 두도록 해 보세요.

선거가 다가오면 여러분이 사는 지역 후보자들은 최대한 많은 사람과 이야기를 나누고 싶을 거예요. 이들에게 학교에 와서 기후 변화에 관해 이야기해 달라고 요청하세요. 모두가 방문하고 난 뒤에는 모의 투표를 해요. 후보자 방문을 요청하기 어렵다면, 각 당과 이들의 정책을 대신하여 의견을 주장하는 학생들을 모아서 모의 선거를 치러요.

1. **초대장을 보내요.** 가장 좋은 방법은 후보자나 선거 사무실 앞으로 전자 우편을 보내는 거예요(선생님께 도움을 요청하세요). 후보자에게 여러분의 학교가 그들의 '지역구(후보자에게 표를 던지는 사람들이 모여 있는 곳)'에 속한다는 사실을 알리고, 학교로 초대하고 싶다고 말하세요. 날짜는 일주일 뒤로 제안하는 게 좋을 거예요. 답장이 없으면 전화를 걸어요.

2. **세심하게 계획을 세워요.** 한 사람이 얼마나 오래 발언할지(모든 사람의 발언 시간이 동일해야 해요), 그리고 여러분의 질문 시간은 어느 정도인지를 정해요. 투표를 어디에서 실시할지, 어떤 식으로 투표할지, 누가 표를 계산할지를 계획해요. 공정한 과정은 어떤 식으로 보장하는 게 좋을까요?

3. **질문지를 작성해요.** 후보자들은 보통 기후 변화가 아닌 다른 문제에 관해 많이 이야기하고 싶을 거예요. 그러니까 여러분이 반드시 대답을 듣고자 하는 질문을 몇 가지 준비하는 게 좋아요. 먼저 각 후보자와 기후 비상사태에 관한 각 당의 정책을 조사해요. 후보자들에게 선거 홍보 자료를 보내 달라고 요청하면 좀 더 쉽게 조사할 수 있어요. 그런 다음, 자료에 나와 있지 않은 내용을 질문해요. 아래에 몇 가지 아이디어가 있어요.

> 기후 비상사태에 맞서 싸우기 위해서 후보자의 능력으로 할 수 있는 모든 걸 하고 있나요?

> 후보자의 정당은 에너지와 환경에 관해 어떤 정책을 가지고 있나요?

> 기후 변화에 관해서 어떤 새로운 정책을 실시할 건가요?

> 기후 변화는 우리 지역에 어떤 영향을 미칠까요?

> 온실가스 배출량을 줄이기 위해서 직접 어떤 일을 하시나요?

4. **기록해요.** 그날 있었던 일을 글로 옮길 사람과 사진으로 찍을 사람을 미리 정해 둬요. 지역 신문사를 초청해서 기사를 쓰게 하면, 모의 투표 결과를 주민들과 함께 나눌 수도 있어요.

5. **꾸준히 연락해요.** 방문 이후 참석한 이들에게 감사 편지를 보내요. 학교에서 진행하는 특정한 캠페인을 지원해 달라고 요청해도 돼요. 힘 있는 사람의 지원은 일을 이뤄내는 데 아주 중요하답니다. 전할 만한 새로운 내용이 있거나 방문자가 말했던 내용을 실행하고 있는지 알아보고 싶을 때, 다시 연락해 보세요.

느릿느릿 살기

너무 바빠서 이 부분은 건너뛴다고요? 그렇다면 여러분은 반드시 이 내용을 읽어야 해요.

우리가 화석 연료를 동력으로 이용하는 기계를 쓰는 건 삶의 속도를 높이기 위해서예요. 더 빨리 이동하기 위해 자동차를, 더 빨리 세탁하려고 세탁기를, 빛 속도의 2/3 정도로 빠르게 정보를 전달하려고 디지털 기기를 사용하죠. 1930년 한 유명 경제학자는 미래에는 기계가 많은 시간을 절약해 주기 때문에 우리는 하루에 세 시간만 일하면 될 거라고 예언했어요. 하지만 틀렸어요. 90년이 흐른 지금, 우리는 그 어느 때보다 하루하루를 바쁘게 살고 있어요.

여러분이 매주 학교에서 얼마나 많은 시간을 보내는지 생각해 보고, 거기에다가 숙제, 스포츠, 음악 등의 활동에 쓰는 시간을 더해 보세요. 어째서 가끔은 자동차를 탈 수밖에 없는지, 아니면 생수병을 들고 서둘러 뛰어야 하는지 쉽게 알 수 있을 거예요. 할 일을 다 끝내려고 그런 거잖아요? 그런데 우리가 자신에게 주는 압력은 지구에도 부담을 준답니다.

이제 모든 우리의 움직임이 느린 삶의 힘을 포용하고 있어요. 연구에 따르면, 뒤에 나오는 활동은 우리의 정신 건강만 아니라 환경에도 좋다고 해요. 여러분이 하루에 너무 많은 일을 하려고 애쓰지 않을수록, 소비량도 줄어들 거예요. 그리고 미리 계획하고 지속가능한 방식으로 살 수 있는 여유가 더 많아질 거예요.

느린 인생을 위한 최고의 방법

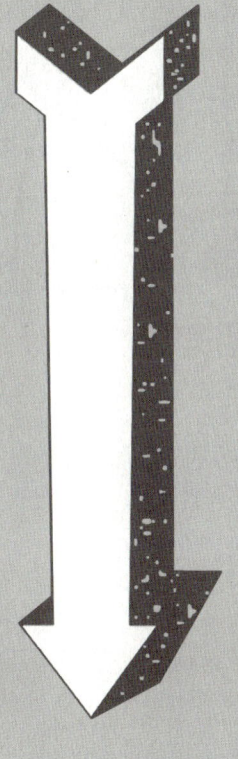

3. 느리게 이동해요. 가능하면 걸어서(또는 킥보드나 자전거로) 이동하려고 노력하세요. 멀리 갈 때는 대중교통을 이용하고요.

2. 느리게 말해요. 전자 우편과 소셜 미디어는 하루에 두 번만 확인하고, 대신 사람을 직접 만나서 나누는 대화에 집중해요. 72개국에 있는 54만 명의 십 대를 대상으로 진행된 한 대규모 조사에 따르면, 매일 가족과 함께 밥을 먹거나 잡담을 나누면서 시간을 보낸 십 대들은 그렇지 않은 십 대보다 자기 삶에 더 만족했어요.

1. 느리게 생각해요. 인터넷은 질문에 대한 답을 바로 찾아 주지만, 정보 홍수에 휩쓸릴 위험이 있어요. 온라인에서 하루 여섯 시간 이상 시간을 보낸 십 대들은 자기 삶에 대한 만족감이 더 적다고 해요. 컴퓨터 사용 시간 중 일부를 좋은 책을 읽는, 느린 즐거움으로 바꿔 봐요.

과학이 가진 놀라운 능력 공부하기

과학과 기술이나 공학을 꾸준히 공부하면 새로운 해답을 제안할 수 있어요.

지구 계량기

많은 과학자가 대기 중 이산화탄소 농도를 안전한 수준으로 유지할 수 있으면 지구 온난화의 효과를 최소화할 수 있다는 데 동의해요. 하지만 2019년 이 수준이 위험할 정도로 높아졌고, 지금도 상승하고 있어요. 이 수준을 다시 끌어내리려면 배출량을 줄이는 **동시에**, 이미 내보낸 초과분의 온실가스를 어느 정도 다시 포집하려고 노력해야 해요.

다음 중 여러분이 할 수 있는 게 뭘까요?

1) 굴뚝 안쪽에 이산화탄소가 들러붙는 풀을 바른다.
2) 치약을 자외선 차단제로 활용한다.
3) 우주에 거대한 양산을 만들어서 태양을 가린다.
4) 해파리 칩을 간식으로 먹는다.

놀랍게도 네 가지 모두 과학자와 공학자들이 진지하게 고민하는 진짜 해답이에요! 영국 스완지 대학교 에너지안전연구소(ESRI)의 화학자들은 집에서 흔히 볼 수 있는 풀을 이용해서 특수한 탄소 포집 물질을 만들어 냈어요.

미국 하버드 대학교의 과학자들은 풍선을 가지고 작은 (치약의 주요 성분 중 하나인) 탄산칼슘 입자를 대기로 내보내서 태양 광선을 흐리게 만드는 자외선 차단제를 설계하고 있어요. 그게 잘될까요? 글쎄요. 1991년 거대한 화산이 폭발했을 때 거기서 나온 이산화황 입자 때문에 약 18개월 동안 지구가 0.5도 시원해진 적이 있었거든요. 치약은 그것보다는 냄새가 **훨씬** 덜해요.

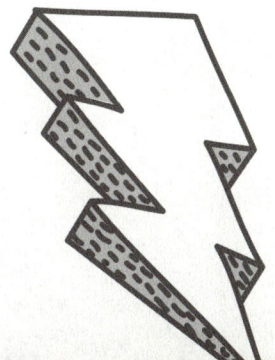

제아무리 노력해도 지구의 기후에 직접 손을 대다가는 예기치 못한 결과가 나타날지 모른다는 걱정이 있어요. 그래서 일부 과학자는 우주에 거대한 양산을 만드는 것처럼, 멀리 떨어진 곳에서 방법을 찾기도 해요. 부엌에서 해파리 칩(영양분이 깜짝 놀랄 정도로 풍부해요), 조류로 만든 우유, 귀뚜라미로 만든 밀가루 같은 새로운 식품 원을 탐구하면서 창의성을 발휘하는 과학자들도 있죠.

이런 게 흥미진진하고 재미있다고 느껴지는 건, 진짜로 그렇기 때문이에요. 여러분이 꾸준히 과학과 기술, 공학, 수학을 공부하면 언젠가 지구를 구할 수 있는 새로운 방법을 생각해 내고 검증할 수 있을 거예요. 그리고 해파리 칩을 제일 먼저 맛볼 수도 있겠죠?

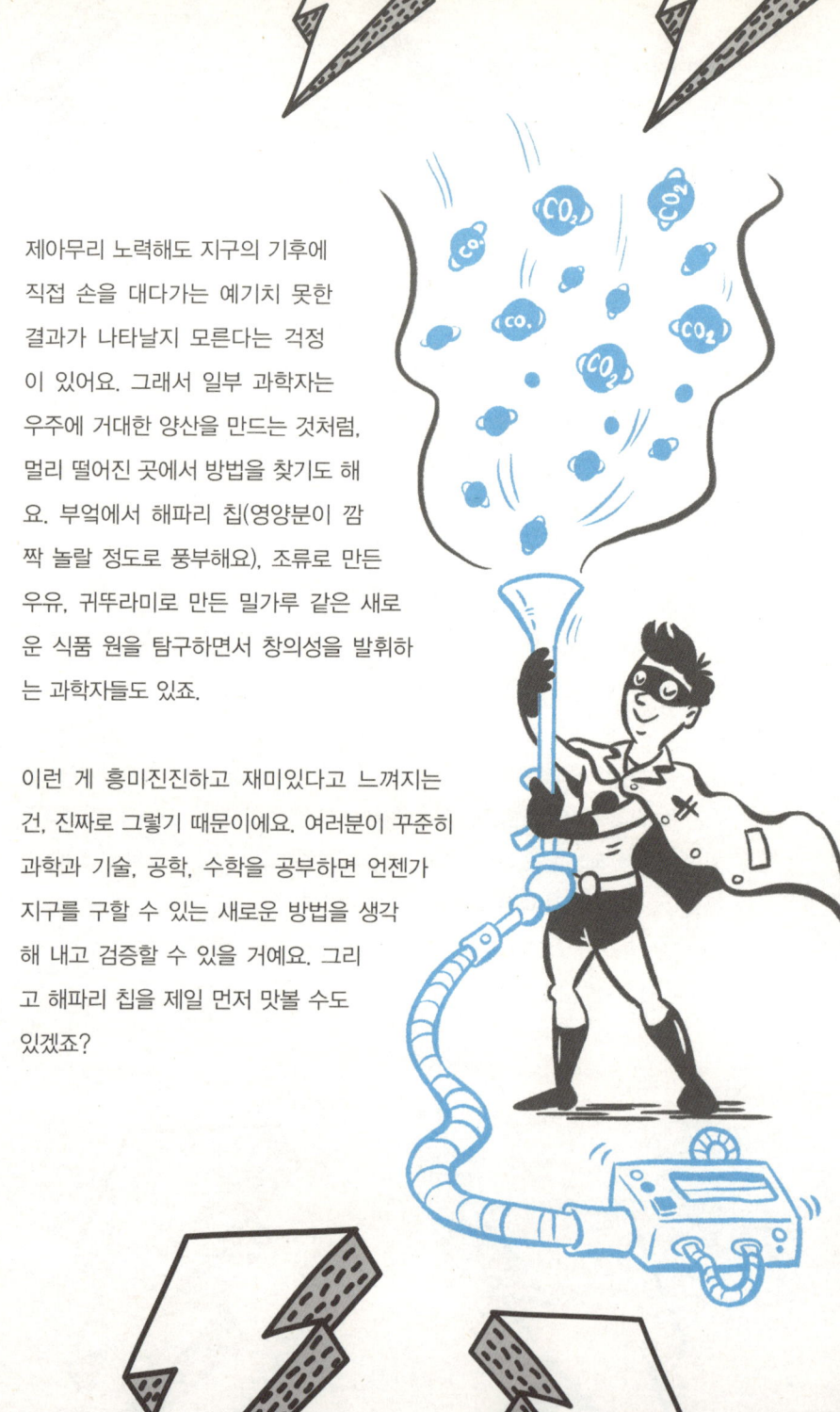

물건 대신 풍경, 소리, 감각을 선물하기

여러분은 스스로 선물을 잘 고른다고 생각하나요? 한 번 더 생각해 보세요. 과학의 입장에서 보면, 우리 모두 잘못된 걸 고르고 있거든요!

전 세계 3/4 이상의 사람들이 포장이 가능한 물건을 선물하지만, 캐나다 심리학자들은 **경험**이 훨씬 좋은 선물이라는 사실을 발견했어요. 사람들은 😮 스포츠에서부터 😎 당일치기 여행, 🙁 영화 등 경험에 더 감정적으로 반응할 가능성이 높다고 해요. 이런 경험들은 그 선물을 준 사람에게 더 친근한 느낌이 들게 하거든요. 덕분에 지구 역시 웃을 수 있으니까 일석이조가 따로 없네요.

선물로 주거나 요구할 수 있는 열 가지 경험

1. 영화, 공연 혹은 전시회 표

2. 좋아하는 취미와 관련된 장소 찾아가기

3. 스포츠 맛보기 강습

4. 낯선 장소에 갈 수 있는 기차표

5. 별 관측처럼 새로운 기술을 가르쳐 주는 앱

6. 실내 암벽 등반처럼 재미있는 활동을 할 수 있는 쿠폰

7. 누구나 갖고는 있지만 사용하지 않는 멀쩡한 물건
   (카메라 등)

8. 동네 공원에서 자전거 대여하기

9. 스포츠 경기나 콘서트 표

10. 캠핑 여행

비싸다고 해서 좋은 것은 아니에요. 미국 과학자들은 사람들이 더 값이 싸면서도 더 쓸모 있는 선물을 좋아한다는 사실을 증명해 냈어요. 다음에 여러분이 누군가에게 선물할 때는 상대에게 경험을 선물하고 싶다고 말하고, 어떤 걸 좋아하는지 물어보세요.

박물관 열기

입장료: 지구를 구하는 데 힘을 보태겠다는 맹세!

지구 계량기

여러분의 학급이 박물관에 견학하러 가는 대신 직접 박물관을 만들 수 있을지 생각해 보세요. **기후 변화 박물관** 행사를 계획하고 학교 전체 구성원을 초대해요. 반 친구를 전시 큐레이터로 정하고, 행사를 홍보하고, 표를 발행하고, 전시장 안내원을 두고, 기후 실천 프로젝트를 실행하기 위해서 기부도 받아 보세요.

홍콩, 리우데자네이루, 뉴욕, 오슬로 같은 세계 여러 도시에는 기후 변화 전문 박물관이 있어요.

여러분의 전시에는 이런 걸 담을 수 있어요.

- ✳ 기후 비상사태의 과거, 현재, 미래를 설명하는 정보
- ✳ 기후 변화의 주범인 일상 물품
- ✳ 더 안전하고 환경친화적인 대안
- ✳ 직접 만든 단편 영화나 애니메이션
- ✳ 경각심을 일깨울 수 있는 예술품과 수공예품
- ✳ 문풍지 만들기와 같은 참여형 행사(161쪽을 보세요)

각 전시품에 관해 간단한 정보를 담은 카드를 만들고, 전시품 옆에 서 있을 안내자를 지정해서 방문객에게 더 많은 정보를 제공해요. 방문객이 관람을 마쳤을 때 간단한 설문 조사를 해서, 기후 변화에 대해 무엇을 배웠는지 확인해요.

> 재활용 물건으로 박물관을 만들 수 있을까요?
> 그럼요! 로버트 오피(Robert Opie)라는 영국인은
> 16세 때 흔히 버려지는 포장재를 모으기 시작했고,
> 1975년에 이것으로 첫 전시를 열었죠.
> 오피의 수집품은 점점 늘어나서 런던 브랜드를
> 소개하는 박물관이 되었답니다.

잡동사니 치우기

이런 말은 참으로 하기 싫지만, 방을 정리할 시간이에요.

여러분의 방에 고장 난 장난감, 어릴 때 하던 게임, 한 번도 사용한 적 없는 물건들이 가득한가요? 정리 정돈은 지루함의 끝판왕처럼 보이지만, 여러분의 마음을 바꿔놓을 수도 있어요. 심리학자들은 자기 집이 어수선하다고 생각하는 사람이 스트레스도 더 많이 받는다는 사실을 발견했어요. 어지러운 상태를 깔끔하게 정리하면 여러분은 더 차분해지고 행복하다고 느낄 수 있어요. 더 창조적인 사람이 될 수도 있답니다. 미국 연구자들은 **장난감을 적게** 가진 아이일수록 **더 창의적으로** 논다는 사실을 발견했어요. 주위가 어수선하면 여러분에게 즐거움을 주는, 좋아하는 것들에 집중하기 힘들어지는 거예요.

그런데 기후 변화는 이와 무슨 상관이 있을까요? 어수선한 방을 정리하면 두 가지가 가능해요. 먼저 필요하지 않은 물건을 다른 사람에게 나눠 줘서 다시 사용하게 할 수 있어요. 그리고 더 적은 물건으로 생활할 수 있다는 사실을 확인하는데, 이건 앞으로 물건을 적게 살 수 있다는 희망을 심어 주죠. 잡동사니를 치우는 게 힘들 수도 있어요. 모두 자기 물건에 애착이 있으니까요. 이럴 때는 여러 단계에 걸쳐서 물건을 정리하면 도움이 됩니다.

전 세계에서 꾸준히 잘 팔리는 장난감과 게임을
만드는 데 매년 약 105조 원 이상을 쓴대요.

방을 정리하기 위한 최고의 방법

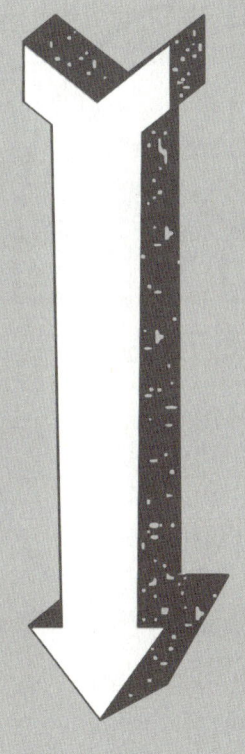

5. 침실에 두 개의 공간을 마련해요. 한쪽은 여러분에게 꼭 필요한 물건을 놓는 곳이고, 다른 한쪽은 (더는 맞지 않거나 쓰지 않는 물건을 포함해서) 기꺼이 기부할 수 있는 물건을 놓는 곳이에요.

4. 정리 정돈을 게임처럼 해요. 첫날은 기부할 물건을 한 개 골라요. 둘째 날은 두 개 골라요. 여러분은 과연 몇 개까지 고를 수 있을까요?

3. 고장 난 물건은 따로 모아요. 27쪽을 보면 수리 방법이 나와요.

2. 뿌듯함을 마음껏 누릴 시간이에요. 물건을 어디에 기부할지 선택해요. 기부 단체 웹사이트와 모임, 동네 중고품 가게, 수집품 은행, 어린아이가 있는 가정, 학교 도서관, 놀이 학교나 병원 휴게실 같은 곳을 알아보세요. 한때 자주 입었던 옷과 장난감을 팔 수 있는 앱도 많아요. 어른에게 대신 물건을 팔아줄 수 있는지 물어보세요.

1. 마지막으로, '꼭 필요한 물건'을 자주 사용하는 물건과 가끔 사용하는 물건으로 분류해요. '가끔 사용하는 물건'을 약 2주 동안 보이지 않는 곳에 치워뒀다가 다시 생각해 보세요. 이제 이 중에서 기부해도 괜찮은 건 없을까요?

가정에서 전기 사용량 줄이기

이 방법을 사용해서 에너지 사용량을 줄이고, 여러분의 가정을 기후에 더 친근한 장소로 만들어요.

지구 계량기

좋은 소식이 있어요. 영국에서는 1990년부터 2017년 사이에 이산화탄소 배출량이 38퍼센트 가까이 줄어들었대요. 이 중에서 무려 18퍼센트는 기업과 가정에서 전기를 적게 쓰는 방법을 찾아낸 덕분이었고요. 이건 **여러분**이 거들 수 있는 일이에요.

줄어든 배출량의 1/3 이상이 석탄 대신 천연가스와 재생 에너지를 이용해서 만든, '더 깨끗한' 전기로 바꾼 덕분이었어요(천연가스도 화석 연료이긴 하지만, 천연가스를 태울 때는 석탄을 태울 때보다 이산화탄소가 2/3가량 적게 나오거든요).

1. **흡혈귀를 물리쳐요.** 마늘은 필요 없어요. 이 흡혈귀는 전원이 꺼져 있을 때도 전기를 천천히 빨아 먹는 전자 기기를 말해요. 흡혈귀가 전기를 뺏어 가지 못하게 하려면 컴퓨터, 텔레비전, 전자레인지, 그 밖의 전자 기기 코드를 모두 뽑아야 해요. 너무 많아서 귀찮다고요? 여러 개의 전자 기기를 하나의 멀티탭에 꽂아두면 한 번에 전원을 켜고 끄기가 쉬워져요.

2. **작은 화면으로 바꿔요.** 우리 대부분은 텔레비전 앞에 앉아 있는 걸 아주 좋아하는데, 텔레비전은 크기가 클수록 전기를 많이 소모해요. 플라스마 텔레비전은 LCD 화면보다 에너지를 더 많이 쓰지요. 가능하다면 가장 작은 화면으로 시청하세요. 밝기와 명암도 낮추면 좋아요. 이렇게 하면 손쉽게 전기 낭비를 막을 수 있고, 여러분 가정이 1년에 15만 7,000원까지 절약할 수 있으며, 화면도 훨씬 보기 편하답니다.

3. **젖은 옷을 방열기 위에 올려 두고 말리지 말아요.** 이렇게 하면 방열기가 원래 자기 역할인 난방을 할 수 없게 되고, 그걸 보충하려고 보일러가 더 열심히 돌아가거든요. 대신 날씨가 좋을 때 창문을 열고 그 옆에 옷을 널어요. 이렇게 하면 다림질을 할 필요도 없답니다.

4. **온도 조절 장치를 1도 조절해요.** 냉난방기는 대부분의 가정에서 에너지를 가장 많이 잡아먹는데, 기상 이변으로 서늘함을 유지하기가 힘들어지면서 일부 지역에서는 냉난방기에 대한 의존도가 높아지고 있어요. 난방 온도를 1도 낮추거나 냉방 온도를 1도 올리는 건 아주 작은 변화이지만, 어마어마한 차이를 가져온답니다.

5. **전등을 꺼요.**

좋아요, 이제 다시 전등을 켜도 돼요.

차는 세워두고
씩씩하게 걸어가기

학교 안 공기가 신선하지 않다면 어떻게 할 거예요?

지구 계량기

아마 여러분은 뭔가 하고 싶을 거예요. 특히 여러분이 매일 종일 머리를 굴리면서 그 공기를 들이마셔야 하는 상황이라면 말이죠. 매우 놀랍게도 최근 연구 결과에 따르면, 영국 학생의 절반가량이 세계 보건 기구가 정한 기준치보다 대기 오염이 더 심한 지역에 있는 학교에 다닌다고 해요. 다시 말해, 영국 학생 370만 명이 천식과 그 외 건강 문제의 위험을 높이는 미세한 독성 입자를 들이마시고 있다는 거죠.

이런 대기 오염의 주원인은 학교 밖에 있는 차량이에요. 여기에는 학생을 태우려고 모여든 자동차의 배기가스도 있어요. 이런 자동차들은 하루 2회, 도로에 있는 모든 차량의 약 1/4을 차지해요! 자동차가 그냥 학생만 내려놓고 가는 게 아니에요. 운동장과 길에 떠도는 배기가스를 남기죠.

자동차 등하교에 관해 다시 생각하기

1. 오스트레일리아의 워크토버(Walktober)처럼 전국이나 지역에서 진행되는 **학교까지 걷기 또는 학교까지 자전거 타기 행사에 참여해요.** 일이 잘 진행되면 더 많은 사람이 집에 자가용을 놔두고 다니도록 정기 프로그램을 시도해 봐요. 예를 들어, (부모들이 마련한) 비공식 도보 행진이나 (학교에서 마련한) 공식적인 '도보 버스' 같은 게 있겠죠. 도보 버스란 정해진 경로를 따라 움직이면서 가는 길에 새로운 '승객'을 태우는 거예요. 제주도교육청은 2017년부터 '함께 걸어요! 건강한 학교 가는 길'이라는 캠페인을 해 오고 있어요. 이 캠페인은 건강한 생활 습관을 만드는 동시에, 학교 주변 교통 혼잡과 안전사고를 줄이는 데 이바지하고 있어요. 영국의 일부 학교에서는 걷거나 자전거를 타고 등하교하는 학생에게 무료 과일 같은 보상을 제공하기도 해요.

2. <u>학교에서 집이 먼 학생도 참여할 수 있도록 도움을 줘요.</u> 한 차량으로 여럿이 등하교를 할 수도 있고요. 매일 아침과 오후에 학부모가 동네 공영 주차장을 이용할 수 있도록 마련하여, 주차장에 차를 놓고 학교까지 10분 정도 걷도록 하는 방법도 있어요. 여러분이 도보 버스나 도보 행진을 할 때, 자동차 주차장 옆을 지나가게 해 달라고 제안해도 좋겠네요.

3. <u>부모님이 행동을 바꾸도록 설득해요.</u> 많은 학교에서 학생이 주도한 캠페인은 진짜로 변화를 일으킬 수 있다는 사실을 확인했어요. 학교 근처 도로를 하루 동안 막아 두거나, 부모님에게 주차표를 발행할 수 있어요. 이런 걸 하려면 선생님의 도움이 필요할 거예요. 절대 부모님이나 자동차에 무작정 혼자 다가서지 마세요. 다른 학교는 어떤 캠페인을 하고 있는지 알아보고, 몇 가지 아이디어를 모아서 선생님에게 보여 주세요.

내 반려동물이 찍는 탄소 발자국 줄이기

반려동물은 귀엽지만,
엄청 더러운 걸 남겨요.

지구 계량기

그런데 흔히 생각하는 배설물을 말하는 게 아니에요! 고양이와 개의 탄소 발자국은 무시무시해요. 세계에서 반려동물이 제일 많은 나라인 미국에서는 개와 고양이 1억 6300만 마리가 무려 자동차 1350만 대에 맞먹는 온실가스를 내뿜어요. 사실 자동차도 그렇지만 이건 개와 고양이의 잘못이 아니에요. 배출량을 줄이는 건 동반자인 인간의 몫이죠.

가장 큰 문제는 이 친구들이 고기와 생선을 먹는다는 거예요. 고양이와 개 사료는, 미국에서 동물 사육이 환경에 미치는 영향 중 최소 1/4 정도 원인을 제공해요. 전 세계에서 반려동물을 키우고 더 좋은 질의 고기를 먹이려는 사람이 늘수록, 이 비중 또한 늘어날 수밖에 없어요.

반려동물의 탄소 발자국을 줄이는 가장 좋은 방법

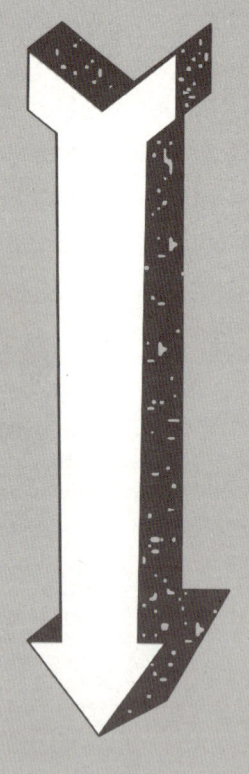

5. 아직 반려동물이 없다면 **키우지 않는** 편이 나아요(친구 혹은 이웃의 개를 대신 산책시키거나, 휴가 때 맡아서 돌봐 주겠다고 하세요).

4. 새로운 반려동물을 사는 대신 **한 마리를 입양하세요**. 기니피그처럼 채소를 먹는 반려동물을 선택해도 좋아요.

3. **반려동물에게 녹색 유충을 먹여요.** 수의사에게 반려동물이 고기를 적게 먹을 방법을 물어보세요. 곤충, 곡물, 뿌리채소, 심지어 버섯으로 만든 개 사료가 이미 팔리고 있어요.

2. **줄여요.** 이 책에 나온 모든 조언을 여러분의 반려동물에게도 적용해요. 오래 쓸 수 있는 물건을 구입하고, 일회용 플라스틱을 피하고(생분해 가능한 용변 봉투를 찾아보세요), 중고 장난감과 침대를 알아봐요.

1. **재사용하고 재활용해요.** 반려동물 장난감을 직접 만들어요. 인터넷에 온갖 아이디어가 올라와 있어요. 게다가 만드는 데 돈이 전혀 들지 않거나 조금 들기 때문에, 장난감을 더 자주 바꿔서 반려동물을 항상 즐겁게 해 줄 수 있어요. 신문지나 광고지 같은 폐지를 잘게 잘라서 고양이 화장실에 깔아 주고, 택배 박스로 집을 만들어 줘도 좋겠지요.

귀찮은 사람 되기

힘 있는 사람을 귀찮게 하는 일을 두려워하지 말아요.

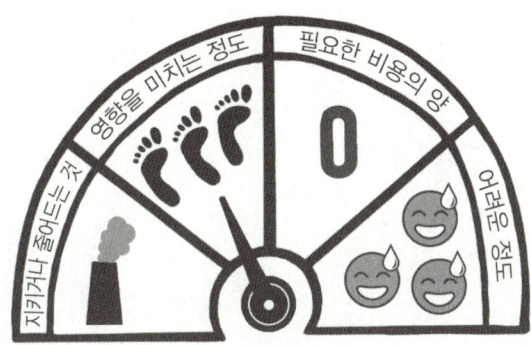

지구 계량기

그레타 툰베리는 세계 지도자에서부터 기업 경영자까지 힘 있는 사람에게 진실을 알리면서 유명해졌어요. 툰베리는 2019년 유엔 기후행동 정상회담에서 세계 지도자들에게 이렇게 말했답니다. "당신들은 어떻게 환경에 필요한 정치와 해법을 전혀 찾지 못하고도 진실을 외면한 채, 여기에 와서 할 만큼 하고 있다고 계속 주장할 수 있나요?"

아마 여러분이 세계 지도자를 마주칠 일은 별로 없겠지만, 지역 정치인에게 여러분의 생각을 전달하는 건 충분히 **가능해요**. 일단 여러분이 사는 지역 국회의원이 누구인지 알아보세요. 국회의원은 각 선거구 주민의 이해관계와 관심사를 대변하라고 뽑은 사람이에요. 여러분은 아직 투표권은 없지만 그래도 지역 주민이니까, 국회의원에게 여러분의 관심사를 알려 보세요. 가장 좋은 방법은 편지를 쓰는 거예요. 159쪽을 보면 참고할 만한 편지 서식이 있어요.

국회의원은 새로운 법을 놓고 논쟁하고 투표하여 결정할 책임이 있어요. 국회의원이 여러분을 대신해서 제기하는 질문과 던지는 표, 지지하는 캠페인은 우리 삶에 큰 차이를 만들어 낼 수 있어요. 새로운 법이 통과되면 지방 정부는 그걸 행동에 옮길 책임을 져야 할 경우도 있거든요. 그러니까 여러분이 지역 정치인과 만나는 행동부터가 변화의 시작이 될 수 있죠. 선생님에게 지역 정치인이 누구인지 알아내는 데 도움을 달라고 부탁하고, 126쪽 내용을 참고하여 이들을 학교로 초청해서 궁금한 것을 물어보세요. 어떻게 하면 언제 **여러분**이 직접 지역 정치에 참여할 수 있는지 물어보는 것도 잊지 말아요!

변화를 위한
편지 쓰기

159쪽에 있는 편지 서식을
이용해서 정치인에게
편지를 써요.

지구 계량기

이 서식을 이용하면 지방이든 광역이든 중앙이든 힘 있는 사람 누구에게나 편지를 쓸 수 있어요. 편지가 돋보이려면 짧게 쓰고(A4 1매), 예의를 갖추며, 여러분이 선거구민이라는 걸 알 수 있도록 이름과 학교 주소를 적으세요. 모든 글쓰기가 그렇듯 먼저 **조사하세요**. 여러분이 관심을 두고 있는 내용과 그 배경이 되는 과학적 근거, 그 정치인이 관련해서 무엇을 했거나 하고 있는지 등 최대한 많이 알아내는 거예요.

정치인에게 **실천**을 요구하는 말로 편지를 마무리하세요. 구체적일수록 좋아요! 예를 들어, 국회에서 무언가를 제기해 보라거나, 기후 변화를 책임지는 정부 부처와 함께 그걸 제안해 보라거나, 제안된 새로운 법에 대해 특정한 방식으로 투표하라거나, 또는 여러분이 참여하는 지역 캠페인을 도와달라거나 하는 식으로 말이에요.

어떤 정치인이 대표하는 지역이 클수록 선거구민이 많아질 거예요. 국회의원의 경우 수만 명이 될 수 있죠. 그래서 하루에 편지가 수백 통씩 올 수도 있어요. 하지만 정치인들은 개인이 보낸 편지(또는 전자 우편)는 정말로 도움이 된다고 말해요. 편지와 전자 우편을 많이 받을수록 선거구민에게 뭐가 중요한지를 더 잘 이해할 거예요.

편지 봉투 겉면에
[내 주소]

[상대방 주소]

편지지에
[이름과 직위] ○○○ 국회의원님에게

저는 기후 비상사태에 관해 말하려고 편지를 씁니다. 우리나라 그리고 전 세계에서 당장 온실가스 배출량을 줄여야 해요.

[개인적인 생각과 특히 걱정하는 문제에 관해 몇 문장 덧붙여요(180쪽을 보세요). 기후 변화가 지금 여러분과 여러분이 사는 지역에 어떤 영향을 미치고 있는지, 또는 미래에 어떤 영향을 미칠지를 말하고, 여러분이 실천하고 있는 일에 관해서도 알려 주세요.

여러분이 걱정하는 최근 과학 연구 결과나 신문 머리기사에 관해서도 말하면 좋아요.

그들에게 이 문제에 관해 반드시 실천해야 한다고 요구하세요(구체적으로)!]

○○○ 국회의원님의 답변을 기다릴게요.

[날짜]
[내 이름] ○○○ 올림

정치인에게 연락하는 방법

부모님이나 선생님에게 제대로 된 주소를 알아봐 달라고 부탁하세요. 정치인들의 주소가 나오는 웹사이트가 있어요. 예를 들면 이런 식이에요.

대한민국
포털사이트 검색 창에 정치인의 이름을 입력하면 연락 가능한 웹사이트나 소셜 미디어 정보가 나와요. 거기에 들어가서 바로 메시지를 보내거나, 전자 우편 혹은 사무실 주소를 찾아보세요.

오스트레일리아
APH.GOV.AU/SENATORS_AND_MEMBERS/GUIDELINES_ FOR_ CONTACTING_SENATORS_AND_MEMBERS

인도
LOKSABHAPH.NIC.IN/MEMBERS/ALPHABETICALLIST.ASPX

영국
PARLIAMENT.UK/MPS-LORDS-AND-OFFICES/MPS/

집을 뱀으로
채워 보자

진짜 뱀 말고요! 헝겊으로 된 뱀 인형은 밖에서 들어오는 바람을 먹고 살아요.

지구 계량기

이렇게 상상해 봐요. 여러분이 한 손에 리모컨을, 다른 손에 팝콘을 들고 소파에 편하게 몸을 파묻은 채 전원 버튼을 막 누르려고 하고 있어요. 그런데 갑자기 **차갑고 반갑지 않은** 무언가가 여러분의 등줄기를 오싹하게 만들어요. 밖에서 들어온 외풍은 방 안을 돌아다니면서 실제보다 더 춥다고 느끼게 만드는, 짜증 나는 찬 공기예요. 그건 따뜻한 공기가 여러분의 집에서 빠져나가고 있다는 뜻이고, 추우니까 계속 난방 온도를 올리므로 결국 에너지 사용량이 늘어나게 되죠.

외풍을 막는 것은 에너지를 절약하는 비장의 무기인데, 가장 손쉬운 방법은 집을 뱀 인형으로 가득 채우는 거예요. 뱀 모양의 외풍 차단 인형은 버리는 물건으로 만들기도 쉽고, 창문과 문 아래의 작은 틈을 완벽하게 막아 줘요. 인형 속은 집에 있는 무엇으로든 채울 수 있어요. (쌀, 말린 콩, 완두, 옥수수, 자갈 등) **무거운** 물건과 (택배 포장재, 아주 오래된 베개나 쿠션 속, 낡은 스타킹과 양말, 사용한 비닐봉지나 돌돌 만 담요 같은) **가볍고 폭신폭신한** 물건을 섞어서 사용하면 돼요.

영국 정부 기관인 에너지절약트러스트 (www.energysavingtrust.org.uk)의 계산에 따르면, 영국 가정은 방문과 창문에서 외풍을 막기만 해도 1년에 최소한 20파운드(약 3만 1,500원)를 절약할 수 있어요.

바느질로 뱀 인형 만들기

☆ 낡은 바지나 스타킹의 한쪽 다리를 잘라내요(먼저 부모님에게 물어 보고 허락을 받아요).

☆ 천으로 된 끈이나 리본으로 한쪽 끝을 묶어요.

☆ 다리에 속 재료를 아주 많이 빵빵하게 넣어요.

☆ 반대편 끝을 묶어요.

☆ 단추를 바느질이나 풀로 고정해서 눈을, 빨간 리본이나 천으로 혀를 만들어요.

부드러운 뱀 인형을 만드는 간단한 방법

여러분과 절대 헤어질 수 없는 부드러운 인형이 집에 많이 있다고요? 이 친구들에게 지구를 지키는 임무를 맡겨요! 인형을 문이나 벽에 등을 댄 채로 죽 늘어세우면 돼요. 그런 다음, 옷핀으로 인형을 서로 연결해서 부드러운 '뱀 인형'으로 만들어요.

통풍용 벽돌, 창문 환기구, 환풍기처럼 필요한 구멍들을 막아서는 안 돼요. 이런 구멍들은 우리 집 안의 공기를 신선하고 건강하게 유지하는 역할을 한답니다.

기후를 위해
행진하기

직접 환경 시위에 참여해 보고 싶나요? 집을 나서기 전, 이 내용을 꼭 읽어요!

지구 계량기

그레타 툰베리가 스웨덴 의회 밖에서 벌인 첫 시위(41쪽을 보세요) 이후로, 전 세계 1,500여 개 도시에서 수천 명의 젊은이가 기후 행진, 시위, 파업에 참여했어요. 여러분이 여기에 함께할 계획이라면, 먼저 이 글을 읽고 준비해요.

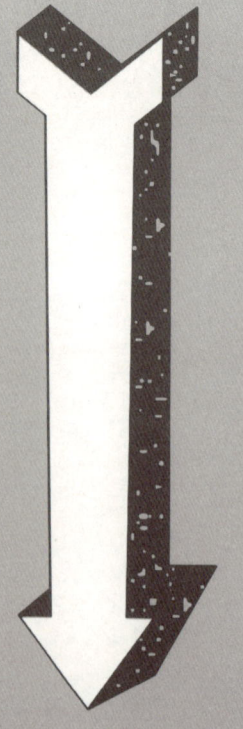

의미 있는 행진을 위한 다섯 가지 준비 단계

5. **행진의 목적을 충분히 알아두세요.** 사람들은 수천 명의 어린이가 기후를 위해 행동하고 있다는 뉴스에 온갖 다양한 반응을 보였어요. 영국의 어떤 학교에서는 선생님이 반 아이들에게 행진의 목적을 알고 있는지 확인해 보려고 질문을 던졌대요. 참가하기 전, 행사 내용과 주제를 파악하도록 해요.

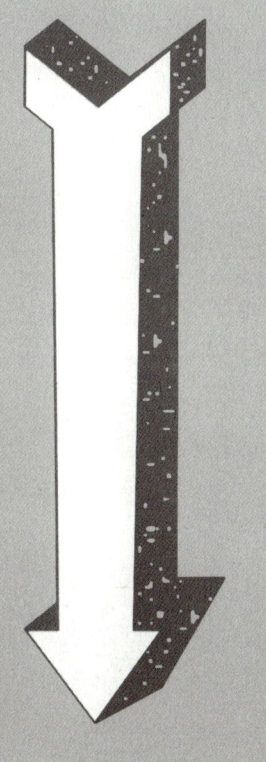

4. **세심하게 계획을 세워요.** 많은 기후 변화 시위가 평화롭고 조용하게 열리지만, 일부는 경찰에 알려 승인을 받기도 해요. 행사 조직자들은 웹사이트나 전단에 자세한 내용을 실어서 참여자들에게 도움을 줘야 해요. 어디서 만날지, 만나서 무엇을 할지(예를 들어, 정해진 길을 따라 걷기, 활동 참여하기, 연설과 음악 듣기 등), 참여자들을 어떻게 안전하게 보호할지(도로에 차가 다니지 못하게 하는 방법 등)를 미리 고민해요.

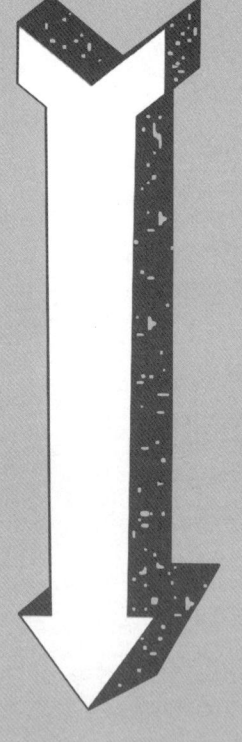

3. **친구와 가족을 초대해요.** 시위에 절대 혼자 가지 말아요. 어른과 함께 가면 여러분의 안전을 지키는 데 도움이 될 거예요. 그리고 어쨌든 사람이 많을수록 목소리가 더 커져요. 친구와 가족에게 같이 가자고 해요.

2. **현수막을 만들어요.** 문구가 적힌 피켓이 있으면 여러분이 하고자 하는 이야기를 모두에게 전할 수 있어요. 재활용 재료를 가지고 피켓을 만들되, 비에 젖어도 끄떡없게 해 보세요. 여러분이 참여하는 행사에 피켓에 대한 규칙이 있는지 미리 확인해요. 손잡이가 달린 피켓을 금지하는 행사도 있거든요. 짧고 분명한 문구라야 글씨를 크게 쓸 수 있어요. 글씨가 커야 멀리서도 보인답니다.

1. **안전이 최고예요.** 시위 장소에 오갈 때 어떤 방법을 이용할지, 중간에 친구, 가족과 헤어지게 되면 어떻게 할지를 계획해요. 시위대가 너무 많으면 휴대폰이 평소처럼 잘 작동하지 않을 지도 몰라요. 오랫동안 서 있을 수 있으니 편한 신발을 신고, 날씨에 맞는 옷차림을 해요. 필요한 약이나 물, 간식을 꼭 챙겨요. 사람이 많이 모이면 예기치 못한 일들이 일어나기도 해요. 함께 잘 붙어 있도록 하고, 누군가가 평화롭지 않은 행동을 하면 언제든 벗어날 준비를 하세요.

물건 바꾸기

공짜라고요?
정말 좋아요!

지구 계량기

새 물건이 생기면 기분이 좋지만, 그 기분은 오래가지 않아요. 심리학자들은 이런 즐거움이 겨우 **5일**이면 사라진다고 말해요. 다른 새 장난감이나 게임이 곧 여러분의 눈을 사로잡고, 다시 같은 일이 반복되죠. 그러다 보면 지구는 아주 혹독한 대가를 치르게 돼요.

용돈을 절약하고 지구에 피해를 주지 않으며 새 물건이 주는 좋은 기분도 느끼고 싶으면, 물물 교환 파티나 행사를 열어 보세요. 이렇게 하면 쓰레기장에 갈 폐기물이 줄고, 여러분의 방을 정리하는 데 도움이 되며(141쪽을 보세요), 새로 사는 물건의 양을 줄일 수 있답니다.

1. 학교나 여러분이 속한 모임처럼, 많은 인원이 들어갈 만한 **장소를 골라요**. 물건을 늘어놓고 걸어 다니면서 쇼핑할 수 있는, 공간이 충분한 방이 필요할 거예요. 도움을 줄 어른도 몇 명 모집할 필요가 있어요.

2. **기본 규칙을 정해요**. 예를 들어, 기부하는 모든 장난감과 책, 게임 등은 반드시 온전한 상태로, 깨끗하고 고장이 없어야 한다고 요청할 수 있어요. 사람들에게 전기 장난감이나 배터리가 필요한 장난감은 가져오지 말라(아니면 적어도 배터리를 빼 달라)고 요구해도 좋아요.

3. **시스템을 결정해요.** 폐재료를 재사용하여 행사에서 돈처럼 활용할 토큰을 만들어요. 장난감 한 개당 토큰 한 개를 발행하면 자기가 기부한 것과 같은 수의 장난감을 고를 수 있어요. 하지만 킥보드를 곰 인형으로 바꾸는 건 공정하지 않아요. 선생님이나 부모님에게 각 물건의 '가치'를 결정해 달라고 부탁한 뒤, 거기에 맞춰서 토큰을 발행해도 좋을 거예요.

4. **주위에 알려요.** 포스터를 만들고, 여러분의 행사를 학교나 지역 신문에 홍보할 수 있는지 알아봐요. 인형을 가져올 시간과 장소, 그리고 교환 행사 일정에 관한 정보를 담아요. 물건을 담아갈 가방을 꼭 가져오라는 문구도 잊지 않고 넣도록 해요.

5. **준비, 침착하게, 교환!** 행사 당일, 기부 물품이 깨끗하고 안전한지 점검하고 '가격'을 매기기 위한 충분한 시간을 미리 확보해요. 가격별로 서로 다른 탁자를 정하세요. 예를 들어, 토큰 두 개짜리, 다섯 개짜리, 열 개짜리와 같은 식으로요. 이렇게 하면 일일이 가격표를 다는 것보다 더 빨리할 수 있지만, 대신 탁자마다 토큰을 받을 사람이 한 명씩 있어야 해요. 마지막에 남는 물건이 있으면 다른 곳에 기부하거나, 다음 교환 행사를 위해 잘 챙겨두도록 해요.

준비, 침착하게, 교환!

솔선수범하기

지도자는 태어날까요, 만들어질까요?

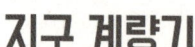

연구에 따르면, 모든 사람에게는 지도자의 기량을 발휘할 잠재력이 있대요. 기후 변화처럼 여러분이 걱정하는 문제를 막기 위한 실천은, 지도자가 되기 위한 훌륭한 출발점이 될 수 있어요.

먼저 여러분을 가장 **여러분답게** 만들어 주는 것이 무엇인지 자유롭게 생각을 펼쳐 보아요. 뭘 적어야 할지 자신이 없으면, 낡은 잡지나 신문에 있는 사진과 단어를 잘라내서 자신을 표현하는 콜라주를 만들어요. 이제 콜라주를 보고, 기후 변화를 막기 위해 여러분이 남다르게 내세울 수 있는 모든 특징을 적어 보아요. 평소 연구를 잘하나요? 이야기에 재능이 있나요? 그림과 공예에 관심이 많나요? 특별한 기량과 자질을 이용해서 환경 문제에 대한 인식을 높일 방법을 자유롭게 떠올려 보세요. 이 책에서 여러분이 시도해 보고 싶은 것을 고르는 데도 도움이 될 수 있어요.

그다음에는 여러분이 아이디어를 들려주거나, 아니면 도움이나 지지를 요청할 사람들의 목록을 적어 보아요. 이제 계획은 끝났어요. 마지막으로 심호흡을 하고 밖으로 나가서 여러분의 아이디어를 사람들에게 설명해요. 먼저 솔선수범하면 다른 사람에게 요구하지 않고도 여러분의 뜻을 따르게 만들 수 있어요. 이런 게 바로 지도자예요. 여러분도 할 수 있어요!

내 영웅 찾기

지구를 도울 많고 많은 방법 중에서 여러분은 무엇부터 시작해야 할까요? 다른 젊은 기후 활동가에게서 조언을 얻은 뒤, 여러분의 흥미와 기량에 따라 행동해요.

젊은 기후 활동가들이 기후 변화를 막기 위한 실천을 통해 전 세계의 신문 머리기사를 장식하고 있어요. 다음 쪽에 있는 퀴즈를 풀면서 여러분은 어느 환경 영웅과 공통점이 가장 많은지 확인한 뒤, 이들은 어떻게 시작했는지 알아보아요.

1. 기후 변화 중에서 어떤 부분에 가장 관심이 있나요?

1) 기후 불평등 – 기후 변화의 영향(과 이를 해결할 책임)이 공정하지 않은 방식으로 나뉘고 맡겨지는 것.
2) 처참한 기근에 관한 위험 증가
3) 기상 이변 사건
4) 바다와 야생 생물에 미치는 영향

2. 여러분에게는 어떤 특별한 재능이나 기량이 있나요?

1) 연기와 노래
2) 대중 앞에서 연설하는 능력
3) 스포츠 같은 것을 통해 드러나는 강인함
4) 영화 만들기 같은 전문적인 기술

3. 여러분은 어디에서 희망을 느끼나요?

1) 아이들이 스스로 얼마나 강한지를 깨달을 때
2) 사람들이 기후 변화를 개인적 욕망보다 더 중요하게 생각할 때
3) 집회와 같은, 긍정적 행동에 참여할 때
4) 실제로 변화를 낳는, 내가 할 수 있는 일을 발견했을 때

4. 여러분은 어떤 변화를 정말로 원하나요?

1) 2030년까지 재생 에너지 100퍼센트 달성
2) 뉴스 매체들이 유명 인사보다 기후 위기에 대해 더 많이 보도하는 것
3) 새로운 석탄, 석유, 가스 만들기 프로젝트를 포기하는 것
4) 사람들이 쓰레기를 적게 만들고, 지속가능한 생활을 하는 것

주로 1번을 골랐다면 여러분의 기후 영웅은 노가 레비-라포포트(Noga Levy-Rapoport)일지 몰라요.

영국에 사는 노가는 영국학생기후네트워크를 이끌면서 학업을 함께하고 있어요. 노가는 젊은 기후 활동가로서, 정치인들이 기후 변화를 더 진지하게 다루도록 요구하는 캠페인을 진행해요. 노가는 기사를 작성하고, 집회와 라디오에서 연설할 뿐만 아니라, 기후 행진을 위한 등교 파업을 조직하고, 런던에서는 시위대의 행진을 이끌었어요.

주로 2번을 골랐다면 여러분의 기후 영웅은 아마 레아 나무게와(Leah Namugerwa)일지 몰라요.

레아가 사는 우간다는 지구 온난화 때문에 평균 기온이 상승해서 심각한 가뭄이 늘고 농경지가 사막처럼 변한 나라예요. 레아는 12세에 북부 우간다에 사는 수백만 명이 기근으로 고생한다는 뉴스를 접하고 행동을 결심했어요. 레아는 미래를위한금요일우간다지부를 통해서 등교 파업에 참여하는 한편, 우간다에서 비닐봉지 사용을 금지하는 서명 운동을 조직했어요. 또한, 15세 생일에 파티를 여는 대신, 200그루의 나무를 심는 모범을 보였어요.

주로 3번을 골랐다면 여러분의 기후 영웅은 아마 해리엇 오샤 카레(Harriet O'Shea Carre)일지 몰라요.
해리엇은 친구 밀루 앨버쳇(Milou Alberchet)과 캘럼 브릿지풋(Callum Bridgefoot)과 함께 2018년 오스트레일리아 기후를 위한 등교 파업을 시작했어요. 이들은 새로운 화석 연료 프로젝트 중단과 2030년까지 재생 에너지 100퍼센트 달성을 약속하라고 요구하면서, 지역 국회의원 사무실 밖에서 처음으로 파업을 진행했답니다. 해리엇은 정치인과 대화하는 것은 영 어색하지만, 사람들이 안전한 지구를 위한 실천에 돌입하게 만드는 건 그만한 가치가 있다고 말해요. 해리엇은 유엔 청년 기후 정상회담에 초대도 받았답니다.

주로 4번을 골랐다면 여러분의 기후 영웅은 아마 딜런 해즈(Dylan D'Haeze)일지 몰라요.
딜런은 13세 때 처음으로 바다에서 플라스틱 쓰레기가 커다란 문제를 일으킨다는 사실을 알게 되었어요. 처음에는 걱정에 그쳤지만, 환경에 관한 질문과 자신이 발견한 대답을 다른 사람과 공유하는 영화를 만들기로 하면서 걱정을 해결하게 되었어요. 그 뒤로 딜런은 전 세계 어린이들에게 기후 변화 문제를 알리기 위해 다큐멘터리 시리즈를 만들었어요. 이 다큐멘터리는 Kidscansavetheplanet.com에서 볼 수 있어요.

이제 여러분은 기후 변화를 위해 싸우는 방법이 **한 가지** 이상이라는 사실을 알 수 있어요. 여러분이 가장 신경 쓰는 문제에서부터 시작해서, 자신의 재능과 기량을 어떻게 활용하면 사람들에게 메시지를 전달하고 해법을 찾아내는 데 도움을 줄 수 있을지 생각해 보아요.

완벽해지려고
애쓰지 않기

아무것도 하지 않는 것보다는 작은 실천이 더 나아요.

최고의 지도자라고 해서 항상 자기 생각을 밀어붙이는 것도 아니고, 그런 걸 원하지도 않아요. 대신 자기 생각과 아이디어를 다른 사람에게 설명한 뒤, 다른 의견을 귀담아듣는답니다. 이들은 다른 사람도 자기만의 생각으로 행동하기를 바라요.

누군가 여러분의 생각을 헐뜯으면 어떻게 해야 할까요? 기후 활동가들은 이런 일이 있을 수 있다는 걸 잘 알아요. 실천한다는 건 우리의 생활 방식을 바꾼다는 의미이기도 하니까요. 이런 변화 중 어떤 것은 개인과 산업, 힘 있는 사람에게 불편함을 줄 수 있어요. 하지만 기후 과학자들은 우리가 다른 방식으로 사고하기를 원해요. 과학자들은 당장 느끼는 불편함은 지구를 뜨겁게 만드는 데 따르는 위험과 비교하면 아무것도 아니라고 주장하죠.

기후 변화에 숨겨진 과학과 해법을 연구하다 보면, 다른 관점에도 귀를 기울일 수 있어요. 하지만 나만의 이해 방식과 아이디어에 자신감을 가지세요. 가장 중요한 건 본인이 탄소를 하나도 만들어 내지 않는 '완벽한' 생활을 해야만, 다른 사람의 실천을 끌어낼 수 있다는 착각에 사로잡히지 않는 거예요. 때로는 유명한 기후 변화 운동가도 비행기를 타는 등 화석 연료를 사용했다며 비난을 받아요. 당장은 탄소를 전혀 만들지 않는 생활은 어렵다고 해도, 그냥 손놓고 있어야 한다는 뜻은 아니에요. 모두가 아무 일도 하지 않는데 몇몇 사람만 탄소를 전혀 만들지 않으며 사는 것보다는, 수백만 명이 불완전하더라도 기후 실천을 하게 만드는 편이 훨씬 나아요.

이야기 함께 나누기

옛날 옛적에 너무 뜨겁지도, 너무 차갑지도 않은 행성이 있었어요. 그런데 지금은……

지구 계량기

기후 변화 과학은 정말 중요해요. 엄청나게 넓은 지역에서 수천 년에 걸친 어마어마한 양의 데이터를 수집하는 일은, 지금 일어나고 있는 일을 완벽하게 이해할 수 있는 유일한 방법이에요. 하지만 기후 변화가 어째서 **중요한** 문제인지는 이야기를 통해 전달해야 해요.

많은 사람이 통계 수치보다는 이야기에 더 감정적으로 반응하므로, 이야기는 사람들이 기후 변화에 관심을 두게 만드는 강력한 방법일 수 있어요.

여러분에게 재밌거나 긴장감 넘치는 이야기로 남을 즐겁게 하는 능력이 있다면, 이 능력을 이용해서 기후 비상사태를 해결하는 방법을 생각해 보아요.

이야기에는 사람들을 말하게 만드는 힘이 있어요.
환경보호기금과 헝거프로젝트라는 비영리 단체는
2010년 인도 영화 〈아로한(Aarohan)〉을 제작했어요.
이 영화는 기후 변화 때문에 인도 농촌 마을이 겪게 되는
음식과 물 부족 같은, 힘겨운 문제를 다뤄요.
이 영화는 농촌 마을이 기후 변화를 상대로 한
싸움에 관해 토론하는 자리에 자주 등장한답니다.

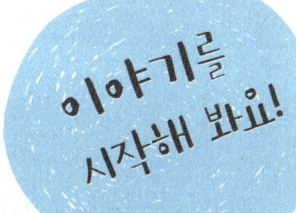

이야기로 기후 변화에 맞서 싸우는 다섯 가지 아이디어

1. **여러분에게는 어떤 이야기가 있나요?** 언제 처음으로 기후 변화에 대해 알게 되었고, 어떤 기분을 느꼈나요? 변화를 위해 무엇을 하고 있나요? 실천하면서 어떤 기분이 들었나요? 나의 이야기를 말이나 글, 또는 만화나 그림처럼 창의적인 방법으로 표현하는 걸 연습해 보세요.

2. **기후 변화 이야기를 각자의 방법으로 표현해요.** 이건 장편소설 감이에요. 악당은 누구 또는 무엇인가요? 이 이야기에서 영웅은 누구죠?

3. __가까운 곳에서 이야기를 발굴해요.__ 기후 변화는 전 지구적인 문제예요. 그건 너무 어마어마해서 여러분이 전부 이해하거나 다루기 어렵다는 의미이기도 해요. 따라서 기후 변화가 내 주변 사람이나 동식물에 미친 영향을 이야기하면, 사람들이 좀 더 귀담아들을 수 있어요.

4. __행복한 이야기도 같이 나눠요.__ 신문 머리기사를 장식하는 기후 변화 이야기는 우리에게 두려움이나 좌절감, 무력감을 안기곤 해요. 그런데 사람들은 희망이 있다고 느낄 때 실천을 더 잘해요. 어떤 사람이나 조직, 정부가 긍정적으로 실천하는 이야기를 읽었다면, 다른 사람과 함께 나누세요.

5. __새로운 페이지를 시작해요.__ 기후 변화 이야기는 아직도 작성 중이고, 여러분이 그 끝을 결정하는 데 보탬이 되어야 한다는 사실을 잊지 말아요.

환경친화적인 습관 만들기

나쁜 습관을 버리는 것만이 기후 행동은 아니에요.

평생 이어 나갈 새로운 습관을 만드는 것도 중요하답니다. 이 책에 있는 변화 중 (정원의 야생성 되찾기 같은) 어떤 것들은 일회성 활동이에요. 하지만 대부분은 여러분이 평생 지구를 구하는 데 도움이 될, 생활 습관의 작은 변화랍니다. 다행히도 과학자들이 오래 계속할 습관을 만드는 법을 알려 줬어요.

1. **자신에게 신호를 주세요.** 여러분이 **이미** 매일 하는 일에다가 새로운 과제를 더하면 얼마 안 가서 자동으로 하게 될 거예요. 예를 들어, '양치하러 화장실에 갈 때마다 지나가는 길에 있는 모든 전자 장치의 스위치를 내린다'와 같은 결심을 해 볼 수 있어요.

2. **2개월 정도 시간을 들여요.** 런던 대학교 과학자들이 96명을 대상으로 연구한 결과, 새로운 습관이 자리를 잡기까지 평균 66일이 걸린대요. 새 습관을 익히려면 2개월가량 걸릴 거로 생각하고, 한 번에 50가지를 바꾸려고 애쓰지 말아요. 그랬다가는 여러분의 뇌가 너무 뜨거워지고 말 거예요!

3. **하루 빼먹었다고 걱정하지 말아요.** 런던 대학교 연구에서는, 하루 정도 빼먹어도 그다음에 하던 대로 계속하면 습관을 형성하는 데 문제가 없다는 사실도 확인했어요. 햄버거를 하나 사 먹었다거나, 비가 너무 많이 와서 자가용을 타고 학교에 갔다고 해서 여러분이 실패했다는 의미는 아니에요. 그건 오히려 여러분이 올바른 길을 가고 있다는 뜻이에요. 무엇을 해야 할지, 그리고 자기 행동이 환경에 미칠 영향을 이제는 알고 있으니까요!

지구상에
여러분 같은
사람이 77억 명 더 있으면
기후 문제는
해결될 거예요.

찾아보기

CFCs(클로로플루오르카본) 49~50
CO_2e(이산화탄소 환산톤, 뜻) 73
HFC(수소화불화탄소) 50
가뭄 21, 114, 176
가축 80, 107
계획된 노후화 27, 28, 95
고기 80, 81, 82, 84, 85, 102, 107
    반려동물 먹이 153, 154
고장 난 물건 수리 28, 30~31
곤충 37, 38
공영 주차장 151
교환 파티 98, 169
국회의원에게 편지 쓰기 155~160
그레타 툰베리 40~43, 113, 155, 165
기온 10, 12, 13, 14, 15, 21, 73, 74, 114, 176
기차 42, 53, 101, 124
기후 행진 165, 166~168
기후(뜻) 73
기후를 위한 등교 파업 41, 176, 177
날씨(뜻) 75
남극 14, 15, 16, 50
노가 레비-라포포트 176

대기 10, 12, 15, 16, 17, 18, 22, 51, 65, 66, 69, 71, 72, 73, 74, 75, 87, 106, 107, 132, 133
대륙 빙하 14, 15, 19
대여/대여하기 32, 33~35, 137
디지털 기기 109, 116, 129
딜런 해즈 177
레아 나무게와 176
매립지 68, 70
메탄 11, 12, 16, 17, 44, 74, 87
멸종 86, 87, 88
모의 선거 125~128
목욕/샤워 47, 48
물 14, 23, 44, 46, 48, 67, 71, 80
물물 교환 169~171
바다 65, 71, 177
반려동물 152~154
배출 18, 23, 27, 44, 46, 55, 57, 59, 63, 73, 74, 76, 77, 80, 93, 97, 100, 104, 105, 106, 108, 115, 127, 132, 144, 152, 159
배터리 115~118, 170
북극 14

비료 37, 89, 90, 91
빙하 14
산성화 71
산업 혁명 17
살충제 37
삼림 파괴 73, 106
서명 운동 113, 176
석유 69, 74
쇠고기 23, 81, 82, 83, 102
수리 센터 30, 120, 123
수증기 11, 12, 74
쉬하기 89~91
시위 165, 167, 168
식기세척기 47
식품 24, 25~26, 80
    가공 식품 104~107
    쓰레기 59~61
    식품 마일리지 22~24
    식품 포장 25, 59
아산화질소 11, 12, 16, 17, 44, 74
야생 생물 38, 39, 71, 175
야생성 36~37, 89, 94, 184
얼음 핵 15, 16

에너지 효율이 높은 가정 44, 46, 47, 48, 55, 62, 144~146, 161~164
에어로졸 49, 51
온수 46~48
온실가스 12, 17, 18, 22, 28, 44, 50, 55, 69, 72, 73, 74, 82, 107, 132
온실 효과(뜻) 74
옷
    건조 146
    라벨 97
    세탁(빨래) 47, 129
    수선 28, 76, 78, 79
    재활용 97, 98, 143
    탄소 발자국 76, 77
외풍 161~164
유연한 식습관 84, 85
육체 건강 80, 84, 148
이산화탄소 11, 12, 16, 17, 18, 23, 51, 57, 65, 66, 71, 72, 73, 74, 87, 132, 133, 144
자동차 27, 42, 99, 115, 122, 124, 129, 148, 151, 152
자전거/자전거 타기 53, 123, 131, 150

재생 에너지 44, 75, 99, 115, 144, 177
재활용 68~70, 103, 140, 154, 168
전기온수기 44
정신 건강 92, 114, 130
지구 온난화(뜻) 74
집에서 보내는 휴가 52~53
채식 84, 85
　　고기 없는 월요일 102
　　반려동물을 위한 채식 154
채식주의 43, 85
초콜릿 22, 23, 81
카풀 124
탄소 계산기 57
탄소 발자국 22, 31, 44, 46, 52, 55, 58, 59, 62, 63, 69, 72, 76, 80, 93, 94, 97, 105, 110, 122, 152, 154
탄소 상쇄 73
탄소 중립 57, 72, 115
탄소 포집 65, 72, 133
태양광 62, 99, 115
파리 기후 협약 65
팜유 106
패스트 패션 95, 97

플라스틱 39, 68, 69, 70, 177
　　비닐봉지 162, 176
　　일회용 70, 103, 154
　　재사용 39, 162
　　재활용 69
해리엇 오샤 카레 177
해빙 14, 114
화면 보는 시간 92~94
화산 폭발 87, 133
화석 연료 17, 44, 59, 69, 72, 74, 106, 179

글쓴이 **이사벨 토마스(Isabel Thomas)**

옥스퍼드 대학교에서 인문과학을 공부했고, 언론인으로 일했어요. 지금은 과학책과 어린이책을 쓰고 있어요. 어린이 친구들을 위해 140권이 넘는 책을 썼고, '영국 공학자 협회 올해의 과학책', '왕립 협회 어린이책 부문 상', '블루 피터 책 상' 최종 후보에 올랐어요. 어린이 과학 잡지 〈Whizz Pop Bang!〉과 〈The Week Junior〉에도 글을 쓰고 있답니다. 과학과 예술을 접목해서 학교와 축제를 위한 창의적인 워크숍을 운영하는 이사벨은 융합교육정책 홍보 대사이자 초등학교 운영회 이사이기도 해요. 지은 책으로 〈이건 쓰레기가 아니에요〉 등이 있어요.

그린이 **알렉스 패터슨(Alex Paterson)**

아내 사라와 함께 영국 워릭셔에 있는 작은 마을에 살고 있어요. 군인이자 정글 탐험대장으로 일하다가 그림 그리는 일에 집중하고 있어요. 그린 책으로 〈이건 쓰레기가 아니에요〉 등이 있으며, 형제들과 사촌들 역시 모두 어린이책 삽화가입니다.

옮긴이 **성원**

도시에서 태어났지만 어릴 때부터 자연에 관심이 많아서, 시멘트 바닥 틈 사이로 오가는 개미들과 손바닥만 한 화단에서 움트는 작은 생명을 구경하며 한나절을 보내곤 했어요. 대학에서 영문학을 공부하고 환경 단체에서 활동하기도 했어요. 옮긴 어린이책으로 〈이건 쓰레기가 아니에요〉가 있으며, 환경을 비롯한 여러 가지 사회 문제에 대한 책을 우리말로 옮기는 일을 합니다.